Convention Constitutionalism

Convention Constitutionalism

On the Necessity of Judicial Review by the European Court for European Democratic Governance

Inaugural lecture
by Prof. Dr. Roland Pierik
appointed as professor of Philosophy of Law
in the Faculty of Law of Maastricht University
1 December 2023

eleven

Published, sold and distributed by Eleven
P.O. Box 85576
2508 CG The Hague
The Netherlands
Tel.: +31 70 33 070 33
Fax: +31 70 33 070 30
e-mail: sales@elevenpub.nl
www.elevenpub.com

Sold and distributed in USA and Canada
Independent Publishers Group
814 N. Franklin Street
Chicago, IL 60610, USA
Order Placement: +1 800 888 4741
Fax: +1 312 337 5985
orders@ipgbook.com
www.ipgbook.com

Eleven is an imprint of Boom (Den Haag).

ISBN 978-90-4730-229-2
ISBN 978-94-0011-447-0 (E-book)

Table of Contents

1 Introduction*

Dear Pro-Rector,

Dear colleagues, friends, and family,

Constitutional courts have been criticized for unduly interfering in the outcomes of democratic processes.[1] Such criticism made the headlines in December 2022, when the Netanyahu administration in Israel introduced a sweeping package of judicial overhaul. The aim was to curb the influence of the Supreme Court.[2] The proposals included a bill that would allow a simple majority in parliament to overturn Supreme Court decisions. The bill also included a proposal to limit the way the Court could employ the constitution to review executive measures.[3] This move by the Netanyahu administration led to an unprecedented protest from Supreme Court judges, who usually keep a very low profile. Moreover, for ten months in a row, hundreds of thousands of Israelis, week after week, took to the streets to demonstrate against these proposals.

Similar attempts to overhaul the judicial system have been made by the administrations of Poland and Hungary. These attempts to limit the power of the Supreme Court met with similarly fierce protests, both in the legal community and on the streets.

Finally, the European Court of Human Rights has been criticized for unduly interfering in the outcomes of democratic decision-making processes. Some argue that the 'unelected activists in robes' in Strasbourg should not interfere with democratically supported decisions that were made by national governments.

In my lecture today, I want to focus on rights-based judicial review. In such cases, the highest court in the judicial system determines whether a specific legislative or executive measure is in violation of a fundamental right that is protected by the constitution. For example, does such a measure threaten the freedom of religion or the freedom of expression?

Basically, judicial review comes in two forms. In the strong version, constitutional courts have the authority to decline to apply a state act in a particular situation because it is incompatible with the constitution. This kind of decision implies that the measure is invalidated or annulled. In the weak version of judicial review, constitutional courts can only declare that a legislative or executive measure is incompatible with the constitution.

---

* I want to thank to Leonard Besselink, Ingrid Robeyns and Rob Schwitters for their very helpful suggestions on an earlier version of this text.

1 My discussion of constitutional courts also includes supreme courts that exercise constitutional functions, particularly for those countries that do not have a separate constitutional court.

2 For discussions of these issues by (mainly Israeli) law professors, see: https://www.lawprofsforum.org/en.

3 The Israeli Constitution is called 'basic law'.

The court cannot invalidate or annul the state act, this declaration is merely an advice. It is up to the administration to decide whether the measure is implemented or not.

Let me apply this distinction to the Israeli example mentioned earlier. The Netanyahu administration criticized the current practice of strong judicial review by the Supreme Court. It sought to transform the law to make it into a practice of weak judicial review. The protesters in the street, on the other hand, were strongly in favour of holding on to the strong version of judicial review. They wanted to leave the final decision-making power on constitutional issues in the hands of the Supreme Court as a counterweight to the power of the administration.

We can observe two simultaneous developments. First, various state administrations seek to limit the power of supreme courts. Second, the state administrations of Israel, Hungary, and Poland have themselves been accused of having authoritarian traits. Recently, a number of books have been published with telling titles like *How Democracies Die* and *Strongmen.*[4] These books emphasize how administrations, once elected in office, seek to increase their power by gradually eroding the system from within, by undermining the rule of law and the protection of fundamental rights. In these examples we see a tug of war between the executive and the judicial branch of government. They fight about who should have the final say in important decisions about the enforcement of fundamental rights.

In my lecture today, I will use these actual political examples to refer to long-running legal-philosophical discussions about judicial review. But I will move away from domestic cases. My main interest today is in how we can understand judicial review within the context of the newly emerging European constitutional sphere. I will therefore focus primarily on judicial review by the European Court of Human Rights.

My argument today consists of three steps. In the first part of this lecture, I will present the general legal-philosophical background of the discussion on judicial review. In the second part, I will employ this legal-philosophical background to analyse judicial review as exercised by the European Court of Human Rights. My main question there is: how can we understand judicial review as exercised by the Strasbourg Court? As strong? As weak? Or as something in between? The third part of the lecture will provide a normative evaluation of the role the European Court of Human Rights should play in the emerging European constitutional landscape. I will argue that the Strasbourg Court should pursue a path towards stronger judicial review.

4 Steven Levitsky and Daniel Ziblatt, *How Democracies Die* (New York: Crown, 2018); Ruth Ben-Ghiat, *Strongmen. Mussolini to the Present* (New York: Norton, 2020); Yascha Mounk, *The People vs. Democracy Why Our Freedom Is in Danger and How to Save It* (Harvard: Harvard University Press, 2018).

2 Legal-Philosophical Background

For legal philosophers, these debates on judicial review are very relevant because they are intimately linked to the constitutional-democratic character of our societies. To understand the core of these discussions, it is important to realize that the term 'constitutional democracy' does not refer to one single tradition. It is a composite term that refers to two distinct and sometimes conflicting strands of thought: constitutionalism and democracy. 'Democracy' is linked to the republican tradition, which is historically associated with the work of Jean-Jacques Rousseau. 'Constitutionalism' refers to the liberal tradition, which has its historical roots in the work of John Locke. Constitutional democracy is a permanent balancing exercise between its two foundational ideals: on the one hand, a democratic method of self-governance, and on the other hand, the protection of fundamental rights through a constitution. And this dichotomy dovetails very nicely with the two main views on judicial review.

2.1 The Republican Position

Let us first look at the republican tradition. Republicans are fervent critics of strong judicial review. Jeremy Waldron, for example, argues that strong judicial review is politically *illegitimate* and a violation of democratic values. This is because it leaves important decisions in society to a small number of unelected and unaccountable judges. Waldron argues that this undermines cherished principles of democratic-representation and political equality.[5]

Another critic is Richard Bellamy, who contends that a political community should be governed by 'democratic mechanisms through which the people authorize their political and legal representatives and hold them to account'. He prioritizes 'a parliamentary model of rights review and a "weak" form of rights-based judicial review, in which a declaration of incompatibility by the appropriate court is either advisory or can be overridden or put to one side by the legislature'.[6] In short, these republicans lean heavily towards democratically-regulated politics. They emphasize political equality and argue that the majority rule in democracy should always prevail. In the republican tradition, the role of the constitution and the constitutional protection of fundamental rights has faded into the background.

5 Jeremy Waldron, 'The Core of the Case Against Judicial Review', (2006) 115 *The Yale Law Journal* at 1353.

6 Richard Bellamy, 'The Democratic Legitimacy of International Human Rights Conventions: Political Constitutionalism and the European Convention on Human Rights', (2014) 25 *The European Journal of International Law* at 1021.

2.2 The Liberal Position

This brings us to those who lean more towards the constitutional side. Liberals seek to balance the 'democratic' and the 'constitutional'. They move away from the view that political governance only revolves around democratic decision-making and emphasize the principle of legality. This implies that the exercise of democratic political authority should always remain within the boundaries of the constitution. As such the constitution provides a stable anchor for constitutional democracies over time.[7] The constitution determines the rules of the game of legitimate democratic decision-making. Thus, the *executive* branch only has those powers that are expressly conferred on it by the constitution. And it is the task of the *judicial* branch, through the process of judicial review, to evaluate democratic outcomes against constitutional norms.

Philip Pettit proposes to supplement the electoral system with a system of individualized contestation that parallels the collective challenge that elections make possible:

> There ought to be openings for particular individuals and subgroups to test the laws or proposals for how far the process in which they are generated respects the value of equal access to influence and, more generally, the value of equal status. And those openings ought to hold out the prospect of an impartial judgement on the question and, if the judgement goes in favour of the challenges, the prospect of an adjustment that satisfies them.[8]

This protection-mechanism presupposes constitutional courts and judicial review to determine how, sometimes quite abstractly formulated constitutional values must be interpreted in specific cases: fundamental freedoms, individual dignity, or rule of law.[9]

One does not have to be convinced that democratic majorities are unduly partisan to acknowledge that the majoritarian democratic process is sometimes less attentive to minorities and their fundamental rights. The law-making process is under constant time pressure because there are always too many complex pieces of legislation to deal with. This will sometimes preclude legislators from making a thorough analysis of potential negative fundamental rights implications, especially when they need to legislate hastily in response to a crisis. And even if legislators gave these fundamental rights their full attention, they would only have limited foresight about the full range of circumstances in which a law will have an impact on the enjoyment of individual rights in the future.

---

7 Alexander Somek, 'Cosmopolitan constitutionalism: The case of the European Convention', (2020) 9 *Global Constitutionalism* at 469; Nicholas Bamforth, 'Social Sensitivity, Consensus and the Margin of Appreciation', in *Human Rights between Law and Politics. The Margin of Appreciation in Post-National Contexts*, ed. Petr Ahgha (Oxford and Portland: Hart, 2017), 130. Massimo Fichera, *The EU and Constitutional Time* (Cheltenham: Edward Elgar, 2023).

8 Philip Pettit, *On the People's Terms* (Cambridge: Cambridge University Press, 2012), 213-214.

9 Indeed, anti-judicial review republicans argue that courts and judges are not legitimized to make court decisions on the basis of such open sources. See: Rosalind Dixon, *Responsive Judicial Review: Democracy and Dysfunction in the Modern Age* (Oxford: Oxford University Press, 2023), 5.

This means that Parliament can make laws which impose limitations on rights that they neither intended nor anticipated.[10]

In other cases, however, the human rights of minorities are explicitly disregarded. A telling example is the Orban administration in Hungary, which for years has knowingly violated the fundamental rights of the LGTBQ community.

Sometimes minority rights are curbed unintentionally. Sometimes they are violated deliberately. But Aileen Kavanagh is right when she writes that 'Elected politicians typically view rights as "side constraints" on their policy goals, rather than as "navigational lights" for the entire policy endeavour'.[11]

Rights-based judicial review can repair such legislative blind spots. We can think of the constitutional-democratic system as a two-step strategy that can remedy democratic deficiencies. The main bulk of law-making and implementation of law is done democratically. The recursive second step of judicial review is the smoking out and removal of those decisions that, in hindsight, violate fundamental rights.

Of course, judicial review does not allow a claimant to restart the full discussion from the very beginning. That would be an offence to the democratic process, and an offence to the entitlement to equal respect and concern of the decisional majority.[12] But the institutionally acknowledged access to judicial review if a citizen suspects that a certain policy decision violated a constitutionally protected fundamental right is an important feature of a constitutional democracy. It acknowledges the equal status of citizens as worthy of being given reasons and as capable of making relevant arguments and, as such, the claimant's entitlement to equal respect and concern.[13]

Moreover, it is also important to note that those in favour of strong judicial review do not dispute the central role of representative democracy. But they believe that the democratic decision-making process alone does not represent a complete picture of what democratic governance implies. Strong and independent constitutional review has a supplementary but indispensable role. It provides an additional layer of governmental accountability in the process of checks and balances. As Tom Hickey says: a defence of judicial review 'would not rest on the capacity of the institution to bring about right answers to rights questions but rather on its capacity to counteract particularly bad answers'.[14] Taking out evidently bad decisions or decisions with an unfortunate bad impact not only repairs unfortunate rights violations, but also provides an important signal of what the constitutional-democratic system stands for. After all, the worst decisions might have a disproportionate negative effect on the legitimacy of the system as a whole.

10 Rosalind Dixon, 'The Core Case for Weak Form Judicial Review', (2017) 38 *Cardozo Law Review* at 2209.
11 Aileen Kavanagh, *The Collaborative Constitution* (Cambridge: Cambridge University Press, 2023), 143.
12 Pettit, *On the People's Terms*, 217.
13 Alon Harel and Adam Shinar, 'Between Judicial and Legislative Supremacy: A Cautious Defense of Constrained Judicial Review', (2012) 10 *International Journal of Constitutional Law* at 952.
14 Tom Hickey, 'The Republican Core of the Case for Judicial Review', (2019) 17 *International Journal of Constitutional Law* at 305.

In this way, we can link the discussion on judicial review back to the balancing act between the constitutional and the democratic elements in constitutional-democratic systems. We can see a clear difference between the two traditions and two different views on judicial review. On the one hand, republicans are confident that the democratic process provides sufficient protection for fundamental rights. They do not want unaccountable judges to interfere with the outcomes of democratic decision-making processes. They are therefore in favour of weak judicial review.

I find myself in agreement with liberals who are in favour of strong judicial review. They see it as an additional layer of governmental accountability. Strong judicial review provides an impartial check to make sure that executive measures do not violate fundamental rights.[15] For liberals, this recursive two-step strategy embodies the essence of checks and balances and the system of the separation of powers to prevent a state administration from abusing its power.

2.3 Republicans and Liberals: A Conclusion

Let me conclude this first part of the lecture by emphasizing two things. First, the distinction between strong and weak judicial review is not like an on-off light switch. It is more like a dimmer: judicial review can be strong, weak, or something in between. Second, it should also be clear that the form of judicial review in a particular system is not set in stone. It can, and actually does, change over time. Think back to the example of judicial overhaul in Israel. If the Netanyahu administration is successful that will generate a significant change from strong to weak judicial review. On the other hand, as we will see in the next section, we can also observe the process of competence creep in which courts, verdict by verdict, seek to strengthen their power as judicial reviewers.

This brings me to the second part of my lecture: how can we characterize judicial review in the Netherlands and in Europe?

15 Pettit, *On the People's Terms*, 208; Kanstantsin Dzehtsiarou, *European Consensus and the Legitimacy of the European Court of Human Rights* (Cambridge: Cambridge UP, 2015), 171.

3 Between State Power and Competence Creep

Does the Netherlands have a system of strong judicial review? The short answer to this question is no. Article 120 of the Constitution prevents the Supreme Court from reviewing state acts against the *Grondwet*. At the same time, this answer is too short because it presupposes that only the national constitution is relevant here.

But, as Leonard Besselink has argued, 'The study of constitutional review in the Netherlands makes it clear that the concept of 'constitution' stands in need of reconsideration'.[16] Indeed, in the current era of Europeanization, we should focus on the wider concept of 'constitutionality'. This also includes other norms and institutions with constitutional relevance.[17] One example is, of course, the European Union. More relevant for our discussion are the Council of Europe and the European Court of Human Rights.[18]

The Council of Europe was founded in 1949 in response to the horrors of the Second World War. The aim of the Council was to achieve greater unity between 'like-minded European countries' and their 'common heritage of political traditions, ideals, freedom and the rule of law'.[19] The main tools to this aim were the establishment of the European Convention on Human Rights, that entered into force in September 1953, and the accompanying European Court of Human Rights that started in February 1959. The emergence of the European Court has changed the terms of the discussion on judicial review. What is new is that it now concerns interactions between national authorities and a supranational court.

The question in this second part of the lecture is: how should we characterize rights-based judicial review by the European Court of Human Rights? As weak? As strong? Or as something in between?[20]

---

16 Leonard Besselink, 'Constitutional Adjudication in the Netherlands', in *The Max Planck Handbooks in European Public Law. Part 3: Constitutional Adjudication: Institutions*, ed. Armin von Bogdandy, Peter M. Huber and Christoph Grabenwarter (Oxford: Oxford University Press, 2017), 566.

17 Besselink, 'Constitutional Adjudication in the Netherlands', 615.

18 Not only for the Netherlands, but for all 46 member states of the Council of Europe.

19 Statute of the Council of Europe, opened for signature on 5 May 1949, 87 UNTS 103, Art. 1 (entered into force 3 August 1949).

20 This description is strongly based on Ed Bates, *The Evolution of the European Convention on Human Rights: From its Inception to the Creation of a Permanent Court of Human Rights* (Oxford: Oxford University Press, 2010). And Armin von Bogdandy and Christoph Krenn, 'ECJ and ECtHR: Two Senates of Europe's Constitutional Jurisdiction', in *The Max Planck Handbooks in European Public Law IV*, ed. Armin von Bogdandy, Peter M. Huber and Christoph Grabenwarter (Oxford: Oxford University Press, 2023).

3.1 THE FIRST PHASE (1960-1975): THE SLEEPING BEAUTY PERIOD

Article 1 of the European Convention determines that national authorities have the primary responsibility for ensuring effective protection of fundamental rights.[21] The European Court of Human Rights only has a subsidiary task. It mainly involves checking *ex post* whether national authorities have indeed complied with their obligations under the Convention.[22] The idea of subsidiarity also implies that the Court gives national authorities some leeway regarding how they fulfil their Convention-related obligations. This means that states can implement their obligations in ways that best suit their national identity and constitutional tradition. This leeway is called the *margin of appreciation*.

At the same time, by signing and ratifying the Statute of the Council of Europe, the state parties have opted to transfer their sovereignty in the field of the observance and enforcement of human rights to the European Court. Article 32 of the European Convention states that 'in the event of a dispute as to whether the Court has jurisdiction, the Court shall decide'.[23] Article 46 determines that the states 'undertake to abide by the final decision of the Court in any case in which they are parties'.

A strict legal reading of these two articles would lead to the preliminary conclusion that from the very start, the European Court had the competence to exercise strong judicial review. However, in the first phase of the Convention system, say between 1960 and 1975, the European Court acted very carefully and with much self-restraint. It invoked human rights diplomacy, rather than challenging national sovereignty.[24] First and foremost, the Court sought to gain legitimacy in the new European constitutional landscape.

Moreover, in the first decades of its existence, the Court faced an important limitation. Complaints did not arrive at its desk directly, but first had to pass the *European Commission of Human Rights*, that used to be quite restrictive in passing on complaints to the Court. Only with Protocol No. 11 in 1994 was this detour fully abolished, and the unconditional and individual right to petition, the 'crown jewel of the Convention', was established.[25]

---

21 Janneke Gerards, *General Principles of the European Convention on Human Rights* (Cambridge: Cambridge University Press, 2019), 5.

22 For a reassessment of the shifting roles of the European Court and the Convention states in guaranteeing the protections of the European Convention, see Robert Spano, 'The Future of the European Court of Human Rights—Subsidiarity, Process-Based Review and the Rule of Law', (2018) 18 *Human Rights Law Review.*

23 The European Court of Human Rights thus has the *Kompetenz-Kompetenz*.

24 Von Bogdandy and Krenn, 'ECJ and ECtHR: Two Senates of Europe's Constitutional Jurisdiction', 403. Jonas Christoffersen, 'Individual and Constitutional Justice: Can the Power Balance of Adjudication be Reversed?', in *The European Court of Human Rights between Law and Politics*, ed. Jonas Christoffersen and Mikael Rask Madsen (Oxford: Oxford UP), 182.

25 Christoffersen, 'Individual and Constitutional Justice: Can the Power Balance of Adjudication be Reversed?', 182.

Finally, in the first years of its existence, The Court's determination of a violation of the Convention was purely declaratory. The Court could merely award a 'just compensation' but did not determine a way in which the rights' violation could be rectified.[26]

From this I draw the conclusion that in this first phase the judicial review exercised by the European Court was very weak. It is not a coincidence that this period is characterized as the 'Sleeping Beauty years' of the European Convention.[27]

3.2 The Second Phase (1975-1995): the Court Finds Its Distinctive Voice

Around the mid-1970s, Sleeping Beauty slowly woke up.[28] Judgment by judgment, the Court carved out for itself the authority to develop its jurisprudence. It became increasingly independent, departing from the original intent of the states that had signed the Convention.

In *Golder v. The United Kingdom* in 1975, the Court determined that the Convention must be interpreted in light of its object and purpose, rather than narrowly as a treaty between sovereign states.[29] In this way, the Court carved out the power to develop its jurisprudence independently for itself, and more and more at a distance of the convention states. For those more familiar with EU-jurisprudence, this *Golder* decision is the *Van Gend en Loos* moment for the European Court of Human Rights. Even though it generated quite some critique from the Convention states, in the end they accepted the judgment and its implications.

In *Tyrer v. United Kingdom* in 1978 the Court held that the Convention must be considered as a 'living instrument' of development and improvement, that needs to be read in light of changing circumstances. It should not be seen as an 'end game' treaty that froze the state of affairs as the Convention States determined it 25 years ago.[30]

Finally, in *Airey v. Ireland* in 1979 the Court declared that Convention rights must be interpreted to be 'practical and effective rather than theoretical and illusory'.[31] Moreover, the Court increasingly moved beyond the modus of merely interpreting the Convention

---

26 Bates, *The Evolution of the European Convention on Human Rights: From its Inception to the Creation of a Permanent Court of Human Rights*, 127. 'A strict reading of the Convention text suggested that all the violating State would need to do would be to pay a detained individual any 'just satisfaction' awarded by the Court.'

27 Bates, *The Evolution of the European Convention on Human Rights: From its Inception to the Creation of a Permanent Court of Human Rights*, 277-318.

28 Bates, *The Evolution of the European Convention on Human Rights: From its Inception to the Creation of a Permanent Court of Human Rights*, 120.

29 ECtHR, *Golder v. United Kingdom* (1975) Series A no 18 (ECLI:CE:ECHR:1975:0221JUD000445170).

30 ECtHR, *Tyrer v. United Kingdom* (1978) Series A no 26 (ECLI:CE:ECHR:1978:0425JUD000585672), para. 31.

31 ECtHR, *Airey v. Ireland* (1979) Series A no 32 (ECLI:CE:ECHR:1979:1009JUD000628973), para. 24.

on a case-by-case approach. Instead, it sought 'to elucidate, safeguard and develop the rules instituted by the Convention'.[32]

Taken together, the various judgments show the process of 'competence creep' by the Strasbourg Court which strengthened its position as an independent interpreter of the European Convention. Over time, the Court refined and reinforced its interpretive approach. It increasingly decoupled the interpretation of the Convention from the will of the contracting states. Armin von Bogdandy and Christoph Krenn conclude that the Court increasingly interpreted Convention rights 'as autonomous, dynamic, and destined to effectively limit the discretion of national authorities'.[33]

Earlier, I concluded that in the first phase, the Court exercised a weak form of judicial review. In this second phase, roughly between 1975 and 1995, the Court found its voice in entrenching the European Convention in the European legal space. My conclusion regarding this second phase is that the Court exercised a much stronger form of judicial review.

However, within the newly developed European constitutional space, the European Court must share the legal competence to exercise judicial review with the national constitutional courts. The European Court *cannot* give a verdict on whether a legislative or executive measure by a Convention state is legally valid. This assessment can only be done within domestic judicial review that is based on domestic constitutional law. Thus, the European Court of Human Rights cannot invalidate or annul a state act.[34]

Moreover, its subsidiary character implies that the European Court can only step in if a state party failed to guarantee an adequate protection of the threshold level of fundamental rights as described in the Convention. Finally, the European Convention is not a comprehensive constitutional document, but it has a much more limited pretention. As Monica Claes and Bruno de Witte explain, the Convention only provides a 'floor of rights'.[35]

On the other hand, the European Court does have the legal competence to make binding judgments on citizens' complaints alleging that a state party has violated a Convention right. Thus, the European Court can only exercise judicial review within the

---

32 ECtHR, *Ireland v. United Kingdom* (1978) Series A no 25 (ECLI:CE:ECHR:1978:0118JUD000531071), para. 154.

33 Von Bogdandy and Krenn, 'ECJ and ECtHR: Two Senates of Europe's Constitutional Jurisdiction', 405.

34 A recent development is the pilot judgments procedure against systemic deficiencies. The European Court can initiate such a pilot-judgment procedure if it is clear that systemic or structural problems in the respective contracting state underlie the violation of a Convention right. Characteristic of a pilot judgment procedure is that 'the Court explicitly identifies the systemic problem, names the necessary – usually legislative – remedial steps in its judgment, sets a deadline, and suspends proceedings on applications that stem from the same structural problem until this date'. Von Bogdandy and Krenn, 'ECJ and ECtHR: Two Senates of Europe's Constitutional Jurisdiction', 410. I will not discuss this pilot judgments procedure here.

35 Monica Claes and Bruno de Witte, 'The Roles of Constitutional Courts in the European Legal Space', in *The Max Planck Handbooks in European Public Law IV*, ed. Armin von Bogdandy, Peter M. Huber and Christoph Grabenwarter (Oxford: Oxford University Press, 2023), 499-500.

limited legal domain as demarcated by the rights in the European Convention.[36] Within that domain, however, the European Court does exercise strong judicial review. A judgment of the European Court that a state has violated a Convention right is binding. It is a strong form of judicial review because such a verdict cannot be reversed by a decision of a national government. As a result, Convention states have a binding legal obligation to implement judgments of the European Court of Human Rights.[37]

3.3 The Third Phase (1995-2011): the State Parties Start Grumbling

The European Court entered a third phase around 1995. Convention states started to counteract and grumbled that they had ended up in a situation they had not signed up for some forty years ago. They argued that the Court had gone too far and too fast in its extensive interpretation of the scope of Convention rights. However, since the verdicts of the European Court are legally binding, state parties had to find another way of showing their discontent.

A telling example is the infamous *Lautsi* case of 2011.[38] The case against the Italian state was brought to the European Court by Ms. Soile Lautsi, an atheist and mother of two young children. She objected to the crucifixes that were mandatory and very prominently placed in the classrooms of the public school her children attended. In the first instance, the European Court agreed with Ms. Lautsi that the mandatory presence of crucifixes in public schools was a violation of the freedom of thought, conscience, and religion, as protected by Article 9 of the Convention. The Italian government objected to this decision by the European Court and appealed immediately. Silvio Berlusconi, the Italian prime minister at the time, did not mince his words: 'This decision is not acceptable for us Italians. It is one of those decisions that make us doubt Europe's common sense.'[39]

Italy's undisguised threat was that if the judgment was upheld, it would openly and explicitly ignore its implications. And more importantly, Italy did not stand alone: ten other convention states vowed to support Italy. This massive and manifest rebellion generated a real dilemma for the European Court. It realized that its legitimacy would be damaged beyond repair if it maintained the *Lautsi* verdict. Thus, on appeal, the Court made a U-turn, and the doctrine of the margin of appreciation came to the rescue. The

36 Von Bogdandy and Krenn, 'ECJ and ECtHR: Two Senates of Europe's Constitutional Jurisdiction', 402.
37 The extent to which some of the state parties comply, or do not comply, with this obligation is a discussion for another day.
38 *Lautsi v. Italy*, App. no. 30814/06 (ECtHR, Second Section, 27 July 2009 and Grand Chamber, 18 March 2011).
39 As quoted in Susanna Mancini, 'The Crucifix Rage: Supranational Constitutionalism Bumps Against the Counter-Majoritarian Difficulty', (2010) 6 *European Constitutional Law Review* at 6-7.

Grand Chamber of the European Court concluded that it was up to the Italian administration to make its own decisions on this matter.[40]

The *Lautsi* case makes it clear that there is an inherent tension within the Convention structure. On the one hand, the participating states established the European Court as an external and independent supranational arbiter on the concrete content of Convention rights in specific situations. On the other hand, as a supranational court it is critically dependent on the continuing support of the states. The Court can only maintain its legitimacy if the states more or less consistently comply with its judgments. It seems very plausible that the European Court backed down after the explicit threat that ten Convention states would openly defy such a high-profile judgment.

I can now answer the main question stated in this second section of the lecture. From a narrow legal perspective, it seems that the European Court of Human Rights, within the domain demarcated by the European Convention, can exercise strong judicial review. It has the power to make the final judgment or to declare that the margin of appreciation is applicable. From a legal perspective, applying the margin of appreciation does not undermine strong judicial review by the European Court. After all, it is ultimately the Court that decides whether the margin of appreciation should be considered applicable, and not the convention state.

At the same time, given the political context in which the Court unavoidably operates, it remains critically dependent on the continuing support of state parties. The permanent background threat of revolting convention states inherently limits the room for manoeuvre of the European Court. This leads to my conclusion that the European Court of Human Rights exercises a weakened version of strong judicial review. After all, the Court always has the Convention states in its rear-view mirror. And as the *Lautsi* case made clear, *sometimes the objects in the mirror are closer than they appear.*

40 In this way the margin of appreciation sometimes functions as a refuge for the Court to stay out of trouble with these Convention states.

4 The way Forward. Should the European Court Exercise Weak or Strong Judicial Review?

This brings me to the third and final part of my lecture. Should the European Court of Human Rights, in the near future, pursue a path of weaker or stronger judicial review? In the *Lautsi* case, one thing became very clear. The European Court can only effectively fulfil its role as the European guardian of human rights if it can maintain the long-term loyalty of state parties. This implies that the Court's decisions cannot deviate too much from the 'European consensus' between the states on the content of human rights.

On the other hand, being too deferential to state parties also severely endangers the Court's legitimacy, but now in the eyes of citizens who rely on the Court to protect their fundamental rights against state actions. Being too lenient on the state parties undermines the Court's key task of protecting human rights.

In this sense, the Court finds itself between a rock and a hard place. And this tension can be illuminated by returning to the legal-philosophical discussion that republicans and liberals engage in, as discussed in section 2.

In this debate on the correct form of judicial review by the European Court, weak or strong, republicans emphasize the importance of a persistent and explicit democratic oversight of the European Court by state parties. Richard Bellamy believes that the European Court should maintain a low profile and adhere to the principle of due deference. He still conceives the European Convention narrowly as a voluntary treaty between sovereign states. He thus concludes that the European Court should only exercise weak judicial review, keeping the convention states firmly at the steering wheel.[41]

On the other hand, liberals like Alexander Somek and George Letsas advocate a much stronger role for the European Court.[42] They argue that the preamble of the Convention has clearly determined the path the Court should follow. The primary goal of the evolutive interpretation of Convention rights must be the achievement of greater unity between the state parties. This should be accomplished through the maintenance and further realization of human rights and fundamental freedoms. Letsas goes as far as to argue that 'the purpose of human rights treaties, unlike that of many other international treaties, is to protect the autonomy of individuals against the majoritarian will

41 Bellamy, 'The Democratic Legitimacy of International Human Rights Conventions: Political Constitutionalism and the European Convention on Human Rights', 1034.

42 Somek, 'Cosmopolitan constitutionalism: The case of the European Convention'; George Letsas, 'The Margin of Appreciation Revisited. A Response to Follesdal', in *Human Rights: Moral or Political?*, ed. Adam Etinson (Oxford: Oxford University Press, 2018); 'The ECHR as a living instrument: its meaning and legitimacy', in *Constituting Europe: The European Court of Human Rights in a National, European and Global Context*, ed. Andreas Føllesdal, Birgit Peters and Geir Ulfstein (Cambridge: Cambridge University Press, 2013).

of their state, rather than give effect to that will'.[43] This leads to the conclusion that the European Court of Human Rights should take the lead in the protection of human rights by exercising strong judicial review.

I find myself somewhere in the middle of this debate, but I lean towards the liberal side. I disagree with Bellamy's proposal, because it would simply undermine the purpose of the European Convention on Human Rights. It was set up to develop a shared European human rights standard. That goal would be derailed completely if the Court is required to defer important decisions to 47 different democratic legislatures. It would make it simply impossible for the Court to develop consistent lines of jurisprudence on Convention rights.[44]

Two important developments over the last five decades indicate the emergence of something like 'Convention constitutionalism'. Firstly, in spite of Bellamy's reluctance to acknowledge it, the Convention system has moved beyond the point where the European Convention is merely a voluntary agreement between state parties. Over time it has obtained a constitutional, or at least semi-constitutional status. Secondly, a robust European consensus has gradually emerged that 'strengthens a common understanding of human rights into the fabric of the Convention'.[45] On the basis of this emerging consensus, the Court has created an impressive body of jurisprudence in which the rights contained in the Convention are interpreted and applied in an authoritative manner.[46]

This progressive interpretation of the European Convention into a growing European consensus is the result of a permanent conversation between the European Court and the party states. This incremental interpretation of the Convention is a delicate balancing act. In specific decisions, it might be hard for the Court to determine whether it can presume that there is already an established European consensus in favour of a further step being taken in human rights strengthening jurisprudence. Moreover, it is a gradual process of two steps forward and sometimes one step back. This implies that the Court must sometimes accept that it has to retreat when a specific verdict generates too much opposition. The risk of non-compliance by convention states was loud and clear in reaction to the first *Lautsi* verdict. In other cases, the resentment may be more ambiguous, harder to detect, or may only build up over time. At the same time, a bold verdict like *Lautsi I* can also provoke discussions *within* a convention state where the population at large might be more convinced by a decision of the Court than the political establishment. In this sense, the European Court is not only a dialogical partner with the political representatives of the parties to the Convention but also with its populace.

43 George Letsas, *A theory of interpretation of the European Convention on Human Rights* (Oxford: Oxford University Press, 2007), 79.

44 Cf. Letsas, 'The Margin of Appreciation Revisited. A Response to Follesdal', 304.

45 Dzehtsiarou, *European Consensus and the Legitimacy of the European Court of Human Rights*, 122.

46 Janneke Gerards, 'Judicial Deliberations in the ECtHR', in *The Legitimacy of Highest Courts' Rulings: Judicial Deliberations and Beyond*, ed. Nick Huls, Maurice Adams and Jacco Bomhoff (MC Asser Press, 2009).

An emerging consensus on the content of human rights has three major implications. First, it increases the scope of specific Convention rights. Second, it allows the European Court to narrow the margin of appreciation allotted to national governments in an incremental fashion. Third, those contracting parties that are lagging in the protection of the right in question may over time fall outside the newly emerged consensus, with the ultimate consequence that they are now presumed to be in violation of the Convention, unless the state has a reasonable justification why a law or policy falls outside of the consensus.[47]

On the other hand, in those cases in which there is no European consensus on how a specific convention right should be understood, the issue remains in the area of the margin of appreciation. Being aware of such a lack of European consensus helps the European Court to minimize legitimacy challenges. Indeed, if judges would base their verdicts solely on abstract moral values, disconnected from any European consensus, they are vulnerable to being accused of making arbitrary or political judgments. In this way, they fall prey to the critique by Waldron and Bellamy as discussed earlier.

47 Dzehtsiarou, *European Consensus and the Legitimacy of the European Court of Human Rights*, 138.

5 Convention Constitutionalism

Constitutionality and the constitutional protection of fundamental rights are not self-obvious and pre-political Cartesian benchmarks. Fundamental rights can only be articulated and realized through a political authority. At the same time, fundamental rights and their articulation are not national idiosyncrasies either. Even though, historically seen, each European constitutional democracy has invented the wheel of constitutional essentials for itself, there is a striking similarity between the set of rights and the content of these rights in different states, a similarity that is mutually recognized. For example, when other European states criticized the Hungarian administration for violating the fundamental rights of members of the LGTBQ-community, they did not criticize the Orban administration for violating *Hungarian* fundamental rights. Instead, such an appeal can only be successful when it refers to a conception of fundamental rights that is shared by states, including Hungary, but is in this case violated by Hungary.

If this is correct, it has an important implication. The legitimacy of constitutional essentials and fundamental freedoms within a state is, unlike democratic policies, not primarily based on their national democratic authorship. The legitimacy lies in the way they are formulated in a way that is recognizable and acceptable in a wider constitutional discourse. This indicates that, even though fundamental rights are not universal, inherent, and self-evident, as they were for Locke, there seems to be an underlying common core of the concept of fundamental rights that transcends the distinct formulations as arrived at in separate constitutional democratic states.

The reason why the Convention system is set up is precisely an attempt of Party States to interact with peers engaged in a similar constitutional-democratic enterprise. This horizontalization of constitutional authority is the move from 'constitution' to 'constitutionality.' It broadens the authority of constitutional values because it does not merely 'depend on endorsement by an independent people but also on recognition by other peoples who pursue the same type of political project'.[48] In this sense we can acknowledge the emergence of *convention constitutionalism* among the state parties of the European Convention.[49] The European Court of Human Rights has an important role to play in the ongoing dialogue with domestic constitutional courts and parliaments in strengthening this convention constitutionalism by further cementing a European convergence on the content and impact of Convention rights.

This has an important implication that might be hard to swallow for a republican like Bellamy. The emergence of *convention constitutionalism* implies that Convention

48 Somek, 'Cosmopolitan constitutionalism: The case of the European Convention', 475.

49 It should be clear that this concept of *convention constitutionalism* piggybacks on Alexander Somek's concept of 'cosmopolitan constitutionalism'. Somek, 'Cosmopolitan constitutionalism: The case of the European Convention'; Somek, *The Cosmopolitan Constitution* (Oxford: Oxford University Press, 2014).

states are no longer the 'exclusive masters of their constitutional law'.[50] Via the case law of the European Court, national constitutional systems are affected by one another. By accepting the judgments of the European Court and the application of its case law, the Convention states develop a shared voice on their constitutional development. But this is the unavoidable implication of the *democratic* decisions around the 1950s by the party states to sign and ratify the Statute of the Council of Europe – as described in section 3.2. They explicitly opted to transfer their sovereignty in the field of the observance and enforcement of human rights to the European Court on the shared path of 'achievement of greater unity'.

50 Somek, 'Cosmopolitan constitutionalism: The case of the European Convention', 467-468.

6 Conclusion

Let me summarize the argument. Democratic governance not only implies democratic decision-making procedures, but also the protection of constitutional essentials: the rule of law and fundamental rights. Indeed, strong judicial review provides an essential additional layer of governmental accountability and checks and balances in the process of democratic governance. In the last three decades, the European Court of Human Rights has carved out for itself a central position in the European constitutional landscape. It has become the key actor in the process of the observance and enforcement of human rights. Strong judicial review by the European Court of Human Rights is necessary for democratic governance.

7 Embedment in the Law Faculty

The hardest part of preparing this inaugural lecture was not the writing of the text. The hardest part was to stop writing. There are so many themes that I could have included. Arguments that I should not ignore. Academic puzzles that should have been tackled. In this sense, this inaugural lecture is not a finalized text. It is merely a work in progress and a starting point for various research strands I would like to develop in the coming years.

I am interested in how the idea of constitutionality will develop in the emerging European constitutional space: in the triangle of national constitutional courts, the Court of Justice of the European Union, and the European Court of Human Rights. I am interested in how the power struggle between the European Court and national administrations will develop and how the concept of convention constitutionalism will develop overtime.

The law faculty of Maastricht University, being a truly European faculty, is an excellent place to further explore my chosen research themes in what is sometimes called the field of 'normative constitutionalism'. I am looking forward to collaborating with colleagues in constitutional and European law on these themes.

But first and foremost, I am looking forward to the ongoing collaboration within our department of Foundations of law. I arrived in what I only fully realized much later is a very well-functioning organization. We were able to further strengthen the department by hiring several new scholars. The last year, we set all kinds of new activities in motion. We renamed the department. We started the *Maastricht Foundations of Law Colloquia*. We developed three brand-new masters' courses. Other initiatives that started long before I arrived are also thriving, think of the *Roundtable on Law and Popular Culture*. And on 1 March 2024, we will kickstart our new research centre, *The Maastricht Centre for Law & Jurisprudence*. Dear colleagues: it is a genuine privilege and a joy to collaborate with you all in our Foundations department. I am very much looking forward to all our future endeavours.

8 Some Words of Thanks

I thank the Board of Maastricht University for the confidence placed in me, and for having appointed me as the Chair of Philosophy of Law in the Faculty of Law. I also want to thank our dean, Jan Smits. He enabled me to make a soft landing and a running start simultaneously. Those who know a thing or two about aviation techniques might insist that this is impossible: you cannot both have a soft landing *and* a running start, but our dean can make things possible. I thank my predecessor, Jaap Hage, who was proactive from the very start to help me easily settle into the department.

Dear colleagues, friends, and family, here in the aula and online. Thank you all very much for joining me here today. I see delegates from all the universities where I have worked during my academic journey: Twente University, Tilburg University, Radboud University Nijmegen, the University of Amsterdam, and, of course, now Maastricht University. I genuinely hope you did not come to Maastricht only for this lecture, because I would like you to join me as well at the afterparty in a few minutes. It means a lot to me to see so many new, old, and very old friends have gathered here today.

As the saying goes, it takes a village to raise a child. Well, it takes a global academic village to train an academic. I want to thank my PhD supervisors, Huib de Jong here in the cortège and Will Kymlicka in Canada. Also, Wibren van der Burg, who welcomed me as a post-doc in his Pioneer-project and helped me to kick-start my academic career. I want to thank many collaborators and co-authors. To name a few: Ingrid Robeyns, Wouter Werner, Mijke Houwezijl, Stefan Rummens, Marc de Wilde, and Marcel Verweij. They helped me to develop my ideas and they have made academic life so much more fun.

Dear former and current PhD students: Geoff, Hadassa, Tamar, Lars, Steven, Eline, and Adelheid. It was and is a pleasure to work with you. Supervising PhD students is the icing on the cake of academic work.

A special word of thanks to my Dutch and Flemish family who are here in large numbers today. A very special word of thanks for my little sister Charlot Pierik, without whose help the Robeyns-Pierik household would too often come to a grinding halt.

My last words this afternoon are for the three most important people in my life. Dear Erin and Ischa: you have developed in very different but both very special ways over the past few years. It is very special to be able to experience that process so closely. I am very proud of you and am delighted that the two of you are here today.

Dear Ingrid: The cliché is correct. Without you I would not be standing here today. My job in Maastricht has made your life more complex, and yet you supported me wholeheartedly in this decision from the very beginning. We are both academics, and this academic character has very much shaped the way we organized our lives together. But besides the academic there is so much more and that makes my life with you very special. Thank you for that.

Ik heb gezegd.

Bibliography

Bamforth, Nicholas. 'Social Sensitivity, Consensus and the Margin of Appreciation'. In *Human Rights between Law and Politics. The Margin of Appreciation in Post-National Contexts*, edited by Petr Ahgha, 129-144. Oxford and Portland: Hart, 2017.

Bates, Ed. *The Evolution of the European Convention on Human Rights: From its Inception to the Creation of a Permanent Court of Human Rights*. Oxford: Oxford University Press, 2010.

Bellamy, Richard. 'The Democratic Legitimacy of International Human Rights Conventions: Political Constitutionalism and the European Convention on Human Rights'. *The European Journal of International Law* 25, no. 4 (2014): 1019-1042.

Ben-Ghiat, Ruth. *Strongmen. Mussolini to the Present*. New York: Norton, 2020.

Besselink, Leonard. 'Constitutional Adjudication in the Netherlands'. In *The Max Planck Handbooks in European Public Law. Part 3: Constitutional Adjudication: Institutions*, edited by Armin von Bogdandy, Peter M. Huber and Christoph Grabenwarter, 565-618. Oxford: Oxford University Press, 2017.

Christoffersen, Jonas. 'Individual and Constitutional Justice: Can the Power Balance of Adjudication be Reversed?'. In *The European Court of Human Rights between Law and Politics*, edited by Jonas Christoffersen and Mikael Rask Madsen, 181-203. Oxford: Oxford UP, 2011.

Claes, Monica, and Bruno de Witte. 'The Roles of Constitutional Courts in the European Legal Space'. In *The Max Planck Handbooks in European Public Law IV*, edited by Armin von Bogdandy, Peter M. Huber and Christoph Grabenwarter, 495-526. Oxford: Oxford University Press, 2023.

Dixon, Rosalind. 'The Core Case for Weak Form Judicial Review'. *Cardozo Law Review* 38 (2017): 2193-2232.

———. *Responsive Judicial Review: Democracy and Dysfunction in the Modern Age*. Oxford: Oxford University Press, 2023.

Dzehtsiarou, Kanstantsin. *European Consensus and the Legitimacy of the European Court of Human Rights*. Cambridge: Cambridge UP, 2015.

Gerards, Janneke. *General Principles of the European Convention on Human Rights*. Cambridge: Cambridge University Press, 2019.

———. 'Judicial Deliberations in the ECtHR'. In *The Legitimacy of Highest Courts' Rulings: Judicial Deliberations and Beyond*, edited by Nick Huls, Maurice Adams and Jacco Bomhoff, 407-436: MC Asser Press, 2009.

Harel, Alon, and Adam Shinar. 'Between Judicial and Legislative Supremacy: A Cautious Defense of Constrained Judicial Review'. *International Journal of Constitutional Law* 10, no. 4 (2012): 950-975.

Hickey, Tom. 'The Republican Core of the Case for Judicial Review'. *International Journal of Constitutional Law* 17, no. 1 (2019): 288-316.

Kavanagh, Aileen. *The Collaborative Constitution*. Cambridge: Cambridge University Press, 2023.

Letsas, George. 'The ECHR as a living instrument: its meaning and legitimacy'. In *Constituting Europe: The European Court of Human Rights in a National, European and Global Context*, edited by Andreas Føllesdal, Birgit Peters and Geir Ulfstein, 106-141. Cambridge: Cambridge University Press, 2013.

———. 'The Margin of Appreciation Revisited. A Response to Follesdal'. In *Human Rights: Moral or Political?*, edited by Adam Etinson, 295-310. Oxford: Oxford University Press, 2018.

———. *A theory of interpretation of the European Convention on Human Rights*. Oxford: Oxford University Press, 2007.

Levitsky, Steven, and Daniel Ziblatt. *How Democracies Die*. New York: Crown, 2018.

Mancini, Susanna. 'The Crucifix Rage: Supranational Constitutionalism Bumps Against the Counter-Majoritarian Difficulty'. *European Constitutional Law Review* 6 (2010): 6-27.

Mounk, Yascha. *The People vs. Democracy Why Our Freedom Is in Danger and How to Save It*. Harvard: Harvard University Press, 2018.

Pettit, Philip. *On the People's Terms*. Cambridge: Cambridge University Press, 2012.

Somek, Alexander. *The Cosmopolitan Constitution*. Oxford: Oxford University Press, 2014.

———. 'Cosmopolitan constitutionalism: The case of the European Convention'. *Global Constitutionalism* 9, no. 3 (2020): 467-489.

Spano, Robert. 'The Future of the European Court of Human Rights—Subsidiarity, Process-Based Review and the Rule of Law'. *Human Rights Law Review* 18 (2018): 473-494.

Von Bogdandy, Armin, and Christoph Krenn. 'ECJ and ECtHR: Two Senates of Europe's Constitutional Jurisdiction'. In *The Max Planck Handbooks in European Public Law IV*, edited by Armin von Bogdandy, Peter M. Huber and Christoph Grabenwarter, 383-418. Oxford: Oxford University Press, 2023.

Waldron, Jeremy. 'The Core of the Case Against Judicial Review'. *The Yale Law Journal* 115, no. 6 (2006): 1346-1406.

Maastricht Law Series

The Maastricht Law Series is created in 2018 by Boom juridisch and Eleven International Publishing in association with the Maastricht University Faculty of Law. The Maastricht Law Series publishes books on comparative, European and International law. The series builds upon the tradition of excellence in research at the Maastricht Faculty of Law, its research centers and the Ius Commune Research School. The Maastricht Law Series is a peer reviewed book series that allows researchers an excellent opportunity to showcase their work.

Series editors

Prof dr. Bram Akkermans (editor-in-chief)
Prof. dr. Monica Claes
Prof. dr. Fons Coomans
Prof. dr. Mariolina Eliantonio
Prof. dr. Michael Faure
Prof. dr. Bram van Hofstraeten
Prof. dr. Saskia Klosse
Dr. Denise Prevost
Prof. dr. David Roef
Dr. Marcel Schaper
Prof. dr. Jan M. Smits

Published in this series:

Volume 1: Reinhard Zimmermann, Does the Law of Succession Reflect Cultural Differences?, ISBN 978-94-6236-856-9
Volume 2: Anna Berlee, Access to personal data in public land registers, ISBN 978-94-6236-841-5
Volume 3: Marcus Meyer, The Position of Dutch Works Councils in Multinational Corporations, ISBN 978-94-6236-848-4
Volume 4: Jaap Hage, Foundations and Building Blocks of Law, ISBN 978-94-6236-860-6
Volume 5: Bastiaan van Zelst, The End of Justice(s)?, ISBN 978-94-6236-881-1
Volume 6: Agustín Parise & Lars van Vliet (eds.), Re- De- Co-dification? New Insights on the Codification of Private Law, ISBN 978-94-6236-900-9
Volume 7: Caroline Rupp, Rafael Ibarra Garza & Bram Akkermans, Property Law Perspectives VI, ISBN 978-94-6236-904-7
Volume 8: Aalt Willem Heringa, Europees Nederlands Staatsrecht, ISBN 978-94-6290-604-4
Volume 9: Symeon C. Symeonides, The "Private" in Private International Law, ISBN 978-94-6236-949-8
Volume 10: Jaap Hage, European Integration: A Theme, ISBN 978-94-6236-981-8
Volume 11: Jan M. Smits, Five Uneasy Pieces. Essays on Law and Evolution, ISBN 978-94-6236-982-5

Volume 12: Hannah Brodersen, Vincent Glerum, & André Klip, The European Arrest Warrant and In Absentia Judgements, ISBN 978-94-6236-985-6
Volume 13: Bram Akkermans & Gijs van Dijck, Sustainability and Private Law, ISBN 978-94-6236-986-3
Volume 14: Antonia Waltermann, David Roef, Jaap Hage & Marko Jelicic, Law, Science, Rationality, ISBN 978-94-6236-989-4
Volume 15: Frans L. Leeuw, Van Legal Realism naar Legal Big Data, ISBN 978-94-6290-781-2
Volume 16: Josua Sitompul, Cross-border Access to Electronic Evidence, ISBN 978-94-6236-133-1
Volume 17: Bram Akkermans & Jill Robbie, Property Law Perspectives VII, ISBN 978-946236-181-2
Volume 18: Bram Akkermans & Anna Berlee, 'Sjef-Sache', ISBN 978-94-6236-197-3
Volume 19: Froukje van den Borne, Luca Cox, Youri Cremers, Daan Groenewoud, Sven Schaghen & Tom Stijns, Het stopzetten van KEI-civiel nader bezien, ISBN 978-94-6290-955-7
Volume 20: Nicholas Mouttotos, The Impact of Europeanization in Cyprus Contract Law and the Spill-Over to Matters of Civil Procedure, ISBN 978-94-6236-206-2
Volume 21: Katja Zimmermann, Facilitating Cross-Border Real Estate Transactions in Europe, ISBN 978-94-6236-220-8
Volume 22: Alexis E. Antoniades, Remedies for human rights violations by the European Union, ISBN 978-94-6236-275-8
Volume 23: André Klip, European Arrest Warrant, ISBN 978-94-6236-284-0
Volume 24: Bram Akkermans, Sustainable Property Law, ISBN 978-94-6236-289-5
Volume 25: Sarah Schoenmaekers & Pauline Melin, The Art of Moving Borders, ISBN 978-94-6236-296-3
Volume 26: Agustín Parise & Olivier Moréteau, Comparative Perspectives on Law and Language, ISBN 978-94-6236-328-1
Volume 27: Renata Barbosa, Vincent Glerum, Hans Kijlstra, André Klip & Christina Peristeridou, Improving the European Arrest Warrant, ISBN 978-94-6236-327-4
Volume 28: Cedric Vanleenhove & Lotte Meurkens, The Recognition and Enforcement of Punitive Damages Judgments Across the Globe, ISBN 978-90-4730-162-2
Volume 29: Jill Robbie, Flore Vavourakis, Víðir Smári, Ivan Allegranti & Aleksa Radonjić, Property Law Perspectives VIII, ISBN 978-90-4730-171-4
Volume 30: Alice Giannini, Criminal Behavior and Accountability of Artificial Intelligence Systems, ISBN 978-90-4730-172-1
Volume 31: Sander Kramer, Effective Cross-Border Pension Information in the Face of Multi-Level Legal Systems, ISBN 978-90-4730-187-5
Volume 32: Katharina Boele-Woelki, Teaching Comparative Law: Experiences and Reflections, ISBN 978-90-4730-194-3
Volume 33: Roland Pierik, Convention Constitutionalism, ISBN 978-90-4730-229-2

www.ingramcontent.com/pod-product-compliance
Lightning Source LLC
Chambersburg PA
CBHW061127210326
41518CB00034B/2554
* 9 7 8 9 0 4 7 3 0 2 2 9 2 *

Karl Baer

Parabolische Koordinaten in der Ebene und im Raum

bremen university press

Karl Baer

Parabolische Koordinaten in der Ebene und im Raum

ISBN/EAN: 9783955622930

Auflage: 1

Erscheinungsjahr: 2013

Erscheinungsort: Bremen, Deutschland

bremen university press

Parabolische Koordinaten

in der

Ebene und im Raum.

Mit zwei Figurentafeln.

Von

Dr. Karl Baer

Parabolische Koordinaten in der Ebene und im Raum.

(Mit zwei Figurentafeln.)

Unter den krummlinigen Koordinaten im Bereich der Linien und Flächen zweiten Grades nehmen diejenigen, welche als elliptische bezeichnet zu werden pflegen, unstreitig die hervorragendste Stellung ein. Durch dieselben wird ein Punkt in der Ebene bestimmt als Schnittpunkt zweier konfokalen und orthogonalen Kegelschnitte, von denen der eine eine Ellipse, der andere eine Hyperbel ist, ein Punkt im Raume dagegen als Schnittpunkt von drei orthogonalen und konfokalen Oberflächen zweiter Ordnung, nämlich eines Ellipsoides, eines Hyperboloides mit einem Fache und eines solchen mit zwei Fächern. Die elliptischen Koordinaten, zuerst von Jacobi in einem an Steiner gerichteten Briefe[1]) gegeben, wurden am ausführlichsten von Lamé in einer Reihe von die Theorie der Wärme betreffenden Arbeiten, welche sich vorzugsweise in den ersten (8) Bänden des Liouville'schen Journals finden, später in selbständigen Werken[2]) behandelt; sie sind dann, zumal seit ihre Wichtigkeit auch für andere Gebiete der Mathematik und Physik erkannt war, der Ausgangspunkt für einen neuen, vielfach kultivierten Zweig der mathematischen Wissenschaften geworden.

Ihre große Brauchbarkeit verdanken die elliptischen Koordinaten nicht zum geringsten Teile den zahl- und lehrreichen Specialfällen, welche sie bieten. Als solche sind hauptsächlich zwei zu nennen: in dem einen Falle nimmt die Excentricität der Gebilde den Wert 0 an, in dem anderen strebt diese Größe der Grenze ∞ zu. Im ersten Falle, wo die Ellipse zum Kreise, das Ellipsoid zur Kugel wird, gehen die elliptischen Koordinaten der Ebene in Polarkoordinaten, die elliptischen Koordinaten des Raumes in elliptische Kugelkoordinaten oder auch in gewöhnliche Polarkoordinaten des Raumes über; im anderen Falle werden Ellipsen und Hyperbeln zu Parabeln, Ellipsoide und Hyperboloide zu Paraboloiden, und wir erhalten die Systeme der parabolischen Koordinaten. Die zuerst genannten Grenzfälle sind allgemein bekannt, was sich mit derselben Strenge von den anderen, gewiß gleichberechtigten Fällen nicht gerade behaupten läßt. Lamé hat zwar sowohl für ein Rotationsparaboloid als auch für einen parabolischen Cylinder den sogenannten thermometrischen Parameter

[1]) Crelle, Journal für Mathematik. Bd. 12. S. 137.

[2]) G. Lamé. 1) Leçons sur les fonctions inverses des transcendantes et les surfaces isothermes. Paris, 1857.
2) Leçons sur les coordonnées curvilignes et leurs diverses applications. Paris, 1859.
3) Leçons sur la théorie analytique de la chaleur. Paris, 1861.

bestimmt, bei welcher Gelegenheit [1]) er auf die Analogie und den Unterschied zwischen Parabel und Kreis, den beiden einfachsten und zugleich natürlichsten Kurven, hinweist, aber er geht nicht weiter auf die damit zusammenhängenden Koordinatensysteme ein. Andere Forscher, von denen Siebeck, Böklen, Caspary, Günther, Holzmüller und Danitsch [2]) namentlich zu bezeichnen sind, haben mit parabolischen Koordinaten in Verbindung stehende Fragen und Aufgaben erörtert, aber es fehlt zur Zeit, soviel mir bekannt, an einer Auf- und Zusammenstellung der verschiedenen Arten der genannten Koordinaten. Diese habe ich in der vorliegenden Abhandlung zu geben versucht.

I.
Die parabolischen Koordinaten in der Ebene.

§ 1.
Die konforme Abbildung.

Die Aufgabe, eine Ebene $\zeta = \xi + i\eta$ so auf eine andere Ebene $z = x + iy$ konform abzubilden, daß den Parallelen zu den Koordinatenachsen der Gegenstandsebene konfokale Parabeln in der Bildebene entsprechen, wird bekanntlich durch die Gleichung

$$1)\qquad x + iy = \frac{(\xi + i\eta)^2}{c}$$

gelöst, in welcher c eine beliebige, z. B. reelle und positive Konstante bedeutet. Sondern wir das Reelle vom Imaginären, so ergiebt sich

$$1a)\qquad x = \frac{\xi^2 - \eta^2}{c}, \qquad y = \frac{2\,\xi\eta}{c};$$

hieraus folgt weiter, wenn nur reelle Werte von ξ und η berücksichtigt werden,

$$1b)\quad \xi^2 = \frac{c}{2}\left(\sqrt{x^2 + y^2} + x\right),\quad \eta^2 = \frac{c}{2}\left(\sqrt{x^2 + y^2} - x\right)$$

und daher

$$2)\qquad y^2 = -4\,\frac{\xi^2}{c}\,x + 4\left(\frac{\xi^2}{c}\right)^2,\quad y^2 = 4\,\frac{\eta^2}{c}\,x + 4\left(\frac{\eta^2}{c}\right)^2.$$

---

[1]) G. Lamé, Leçons sur les fonctions inverses etc. S. 11.

[2]) Siebeck, Über graphische Darstellung imaginärer Funktionen. §§ 11 und 12. Crelle, Journal für Mathematik. Bd. 55.

O. Böklen, Über homofokale Paraboloide. Grunert, Archiv der Mathematik und Physik. Bd. 35, S. 81, oder Analytische Geometrie des Raumes. 2. Aufl. Stuttgart, 1884.

F. Caspary, Die Krümmungsmittelpunktsfläche des elliptischen Paraboloids. Berlin, 1875.

S. Günther, Parabolische Logarithmen und parabolische Trigonometrie. Leipzig, 1882.

G. Holzmüller, Einführung in die Theorie der isogonalen Verwandtschaften. Leipzig, 1882.

D. Danitsch, Konforme Abbildung des elliptischen Paraboloids auf die Ebene. Belgrad, 1885.

Zugleich mag es erlaubt sein, auf zwei Arbeiten des Verfassers hinzuweisen, welche in den Programmen des Gymnasiums zu Cüstrin 1881 und 1883 erschienen sind. Dieselben führen die Überschriften: 1) Über das Gleichgewicht und die Bewegung der Wärme in einem homogenen Rotationsparaboloid. (Zugleich Inaugural-Dissertation. Halle a/S.) 2) Die Funktion des parabolischen Cylinders.

Dies sind die Gleichungen zweier Parabeln, die den Brennpunkt, der zugleich der Anfangspunkt des geradlinigen Koordinatensystems ist, gemeinsam haben und deren Achsen in die Abscissenachse fallen Die Abschnitte, welche die Parabeln auf der x-Achse erzeugen, d. h. die Entfernungen der Scheitel vom Brennpunkte sind beziehungsweise

$$2a) \qquad x_\xi = \frac{p}{2} = \frac{\xi^2}{c}, \qquad x_\eta = -\frac{q}{2} = -\frac{\eta^2}{c}.$$

Wir bemerken, daß die Gleichungen 2) für konstante Werte von ξ und η je ein System konfokaler Parabeln darstellen, welche sich sämtlich der Theorie der konformen Abbildung gemäß unter rechten Winkeln schneiden. Die Scheitel aller Parabeln aus der Schar ξ liegen auf der positiven Hälfte der x-Achse in der Entfernung $\xi^2 : c$ vom Koordinatenanfang, die Scheitel derjenigen aus der Schar η auf der negativen Hälfte der x-Achse in der Entfernung $\eta^2 : c$. Diese Entfernungen werden offenbar um so größer und die Parabeln umschließen daher die beiden Hälften der Abscissenachse in um so weiteren Abständen, je größere Werte die Konstanten ξ und η annehmen Für sämtliche Punkte der positiven x-Achse ist $\eta = 0$, für sämtliche Punkte der negativen x-Achse $\xi = 0$; die beiden im Koordinatenanfang beginnenden und nach entgegengesetzten Richtungen laufenden Strahlen der Abscissenachse sind also als Grenzfälle von Parabeln zu betrachten. Nehmen endlich ξ und η denselben Wert an, so sind die entstehenden Parabeln kongruent und ihre Schnittpunkte liegen in der Ordinatenachse.

Aus dem Gesagten erkennen wir, daß sich jeder Punkt der Ebene (x,y) vollständig und auch eindeutig als Schnittpunkt einer Parabel aus dem System ξ mit einer Parabel aus dem System η bestimmen läßt, wofern die Werte von ξ an die Bedingung $0 \leqq \xi \leqq \infty$, die Werte von η an die Bedingung $-\infty \leqq \eta \leqq \infty$ geknüpft sind und festgesetzt wird, daß einem positiven Werte von η nur die in der Halbebene (x, + y) gelegene, einem negativen Werte von η nur die in der Halbebene (x, — y) gelegene Halbparabel entsprechen soll. Wollte man auch negative Werte von ξ zulassen, so würde die Bestimmung der Punkte in der Ebene (x, y), die wir uns alsdann zweckmäßig aus zwei über einander liegenden Blättern bestehend zu denken hätten, in genau derselben Weise erfolgen können. Positiven Werten von ξ würden demnach die Punkte des oberen Blattes, negativen diejenigen des unteren Blattes zuzuordnen sein Diese in der Natur der Abbildung liegende Zweideutigkeit vermeiden wir ganz, wenn wir, wie bemerkt, der Größe ξ nur solche Werte zuerteilen, die zwischen 0 und ∞ liegen. Da sich somit die Lage eines Punktes P der Ebene ebenso wohl durch seine Cartesischen Koordinaten x und y als auch durch die Größen ξ und η bestimmen läßt, so können wir die letzteren als die „parabolischen Koordinaten" von P bezeichnen. Während indes die x- und y-Achse bei den Cartesischen Koordinaten sich unter 90° schneiden, bilden die Achsen des parabolischen Koordinatensystems, d. h. die beiden Grenzparabeln, für welche $\xi = 0$ und $\eta = 0$ ist, einen Winkel von 180°.

Wählen wir zur augenblicklichen Vereinfachung die Konstante c als Maßeinheit, so erhalten wir für einen Punkt P_1 (Fig. 1) mit den parabolischen Koordinaten $\xi = 5$; $\eta = 3$ als Entfernungen der Scheitel der Parabeln vom Brennpunkte $x_\xi = 25$ $x_\eta = -9$. Werden nun die beiden Parabeln gezeichnet, so schneiden sich dieselben in einem Punkte (P_1), dessen Cartesische Koordinaten $x = 16$; $y = 30$ sind. Der symmetrisch zur x-Achse gelegene Punkt P_2 ($x = 16$; $y = -30$) hat die parabolischen Koordinaten $\xi = 5$; $\eta = -3$, während dem Punkte P_3

$(x = -16;\ y = -30)$ die Werte $\xi = 3;\ \eta = -5$, dem Punkte P_4 $(x = -16;\ y = 30)$ die Werte $\xi = 3;\ \eta = 5$ zukommen. Andere in der Figur bezeichnete Punkte sind die Punkte P_5, P_6, P_7, P_8 der Ordinatenachse, für welche beziehungsweise

bei P_5 $(x = 0;\ y = 50)$ $\quad \xi = 5;\ \eta = 5$,
bei P_6 $(x = 0;\ y = 18)$ $\quad \xi = 3;\ \eta = 3$,
bei P_7 $(x = 0;\ y = -18)$ $\quad \xi = 3;\ \eta = -3$,
bei P_8 $(x = 0;\ y = -50)$ $\quad \xi = 5;\ \eta = -5$

ist. Bei den Punkten der Abscissenachse ferner hat man zu unterscheiden, ob sie auf dem positiven oder auf dem negativen Ufer derselben d. h. auf der Seite der Halbparabeln mit positivem oder negativem η liegen. Man erhält als Koordinaten

für P_9 $(x = 25;\ y = 0)$ $\quad \xi = 5;\ \eta = \pm 0$,
für P_{10} $(x = 9;\ y = 0)$ $\quad \xi = 3;\ \eta = \pm 0$,
für P_{11} $(x = -9;\ y = 0)$ $\quad \xi = 0;\ \eta = \pm 3$,
für P_{12} $(x = -25;\ y = 0)$ $\quad \xi = 0;\ \eta = \pm 5$.

In allen diesen Beispielen, wie man sieht, sind die Punkte Schnitte orthogonaler Parabeln. Diese Vorstellung dürfen wir auch nicht fallen lassen bei dem Punkte O, dem Koordinatenanfang, für welchen $x = 0;\ y = 0;\ \xi = 0;\ \eta = \pm 0$ ist; auch dieser Punkt muß als Schnittpunkt zweier sich senkrecht durchschneidenden Parabeln angesehen werden, obwohl dieselben geradezu in Strahlen von entgegengesetzter Richtung übergegangen sind.

Hinsichtlich der Anordnung der Vorzeichen der geradlinigen und der parabolischen Koordinaten endlich bemerken wir, daß, während x und y im ersten Quadranten der z-Ebene positive Werte haben, ξ und η im ersten und zweiten Quadranten d. h. in der ersten Halbebene der ζ Ebene diese Eigenschaft besitzen. Treten wir jetzt durch den von der negativen Hälfte der x-Achse gebildeten Verzweigungsschnitt aus dem oberen Blatt in das untere, d. h. aus der ersten Halbebene in die zweite Halbebene über, so wird ξ negativ, η dagegen bleibt positiv; in der dritten Halbebene, welche sich an die zweite im unteren Blatte auf gewöhnliche Weise anschließt, ist sowohl ξ als η negativ. Wir treten nun aus dem unteren Blatt durch den Verzweigungsschnitt hindurch wieder in das obere Blatt zurück und müssen in der vierten Halbebene ξ mit positivem, η mit negativem Vorzeichen versehen. Bei dieser Anordnung, die sich auch sonst rechtfertigt, stimmen die Vorzeichen von ξ und η in den vier Halbebenen der ζ-Ebene mit den Vorzeichen von x und y in den vier Quadranten der z-Ebene genau überein. Das obere Blatt der ζ-Ebene besteht demnach aus der ersten und vierten Halbebene dieser Doppelebene und entspricht in jeder Weise der aus dem ersten und vierten Quadranten bestehenden Halbebene der z-Ebene.

§ 2.

Zusammenhang mit den elliptischen Koordinaten.

Daß die parabolischen Koordinaten einen speciellen Fall der allgemeineren elliptischen Koordinaten bilden, ist selbstverständlich, da die Parabel als eine Ellipse oder Hyperbel angesehen werden kann, deren Excentricität unendlich groß ist, während der Abstand des Scheitels vom benachbarten Brennpunkte einen endlichen gegebenen Wert behält. Setzen wir

$$x_1 + iy_1 = c_1 \cdot \cos(\xi_1 + i\eta_1),$$

so handelt es sich um die konforme Abbildung der ζ_1-Ebene auf die z_1-Ebene, so daß konstanten Werten von η_1 ein System konfokaler Ellipsen, konstanten Werten von ξ_1 ein System konfokaler Hyperbeln entspricht. Beide Scharen haben die Brennpunkte, deren Abstand $2c_1$ beträgt, gemeinsam und sind orthogonal. Bringen wir hyperbolische Funktionen zur Anwendung, so ist die Gleichung der Ellipsen

$$\frac{x_1^2}{c_1^2 . \operatorname{Cos}^2 \eta_1} + \frac{y_1^2}{c_1^2 . \operatorname{Sin}^2 \eta_1} = 1$$

und diejenige der Hyperbeln

$$\frac{x_1^2}{c_1^2 . \cos^2 \xi_1} - \frac{y_1^2}{c_1^2 . \sin^2 \xi_1} = 1.$$

Verlegen wir den Anfangspunkt der Koordinaten nach einem Brennpunkte, indem wir $x_1 + c_1 = x, y_1 = y$ setzen, so ergeben sich die neuen Gleichungen

$$y^2 = \operatorname{Tg}^2 \eta_1 \left(c_1^2 \operatorname{Sin}^2 \eta_1 + 2c_1 x - x^2\right), \; y^2 = \operatorname{tg}^2 \xi_1 \left(c_1^2 \sin^2 \xi_1 - 2\,cx + x^2\right);$$

die Abstände der Scheitel vom benachbarten Brennpunkte sind ohne Rücksicht auf das Vorzeichen

$$\frac{q}{2} = 2c_1 . \operatorname{Sin}^2 \frac{\eta_1}{2} \quad \text{und} \quad \frac{p}{2} = 2c_1 . \sin^2 \frac{\xi_1}{2}.$$

Wenn nun die Excentricität c_1 einen ins Unendliche wachsenden Wert annehmen soll, während $\frac{q}{2}$ und $\frac{p}{2}$ endlich bleiben, so müssen η_1 und ξ_1 sich immer mehr und mehr der Null nähern. Wir erhalten daher schließlich entsprechend den Gleichungen 2) als Grenze der Ellipsen und Hyperbeln die Parabeln

$$y^2 = 2qx + q^2 \quad \text{und} \quad y^2 = -2px + p^2.$$

Auch die Abbildungsfunktion kann durch einen einfachen Übergang zur Grenze gewonnen werden. Entwickelt man nämlich in

$$x_1 + iy_1 = -c_1 . \cos \varkappa\,(\xi + i\eta)$$

den Kosinus nach Potenzen von $(\xi + i\eta)$, so folgt zunächst

$$x_1 + iy_1 = -c_1 \left\{ 1 - \frac{\varkappa^2 (\xi + i\eta)^2}{2!} + \frac{\varkappa^4 (\xi + i\eta)^4}{4!} - \ldots\ldots \right\},$$

oder, falls wiederum $x_1 + c_1 = x, y_1 = y$ gesetzt wird,

$$x + iy = \frac{c_1 \varkappa^2}{2!} (\xi + i\eta)^2 - \frac{c_1 \varkappa^4}{4!} (\xi + i\eta)^4 + \ldots\ldots;$$

ist nun $c_1 = \frac{2}{c\,\varkappa^2}$ und nähert sich $\varkappa$ allmählich der Null, so erhält man

$$x + iy = \frac{(\xi + i\eta)^2}{c},$$

also die Gleichung 1). Ebenso kann unsere Abbildung auch als Grenzfall der durch die Gleichung

$$x + iy = c . \left\{ \frac{1 - e^{\varkappa (\xi + i\eta)}}{1 + e^{\varkappa (\xi + i\eta)}} \right\}^2$$

angedeuteten Abbildung angesehen werden, deren ausführliche Behandlung vorbehalten bleibt.

§ 3.

Zusammenhang mit den Polarkoordinaten.

Um den Zusammenhang der parabolischen Koordinaten mit den Polarkoordinaten zu untersuchen, setzen wir in Gleichung 1)

$$x + iy = r (\cos \varphi + i \sin \varphi)$$

und erhalten

$$\xi + i\eta = \sqrt{cr}\left(\cos \frac{\varphi}{2} + i \sin \frac{\varphi}{2}\right).$$

Mithin ist

3) $$\xi = \sqrt{cr} \cos \frac{\varphi}{2}, \qquad \eta = \sqrt{cr} \sin \frac{\varphi}{2},$$

also

3a) $$\xi^2 + \eta^2 = c r, \quad \frac{\eta}{\xi} = \operatorname{tg} \frac{\varphi}{2} \quad \text{d. h.} \quad \sin \varphi = \frac{2\,\xi\eta}{\xi^2 + \eta^2}, \quad \cos \varphi = \frac{\xi^2 - \eta^2}{\xi^2 + \eta^2}.$$

Während die Gleichungen 3) für konstante Werte von ξ oder η die auf den Brennpunkt als Koordinatenanfang bezogenen Polargleichungen der beiden Parabelscharen vorstellen, ersehen wir aus 3a) zunächst, daß bei konstantem r auch $\xi^2 + \eta^2$ konstant ist. Für eine Schar von koncentrischen Kreisen, die den Nullpunkt zum Mittelpunkt und eine gegebene Strecke r als Radius hat, ist demnach die Summe $\xi^2 + \eta^2$ eine konstante Größe, mit anderen Worten, die Gleichung eines Kreises jener Schar in parabolischen Koordinaten lautet

3b) $$\xi^2 + \eta^2 = c r.$$

Bewegt man also eine Strecke r so in der Abscissenachse, daß der Nullpunkt stets innerhalb der Strecke liegt oder höchstens in einen der Endpunkte fällt, so geben die Endpunkte der Strecke in ihren verschiedenen Lagen die Scheitel sämtlicher Parabeln an, deren Schnittpunkte die Peripherie eines Kreises bilden. Dabei ist selbstverständlich, daß alle Parabeln den Nullpunkt zum Brennpunkt haben. Dieser Punkt ist der Mittelpunkt des Kreises und sein Radius die gegebene Strecke; die Größe von c bleibt willkürlich.

Ferner ist ersichtlich, daß für sämtliche Strahlen des durch den Nullpunkt gehenden Strahlenbüschels d. h. bei gegebenem φ der Quotient $\eta : \xi$ einen konstanten Wert hat. Dies bedeutet, daß die Gleichung einer vom Koordinatenanfang ausgehenden Geraden, welche mit der positiven Richtung der Abscissenachse den Winkel φ bildet, in parabolischen Koordinaten ausgedrückt

3c) $$\eta = \xi \cdot \operatorname{tg} \frac{\varphi}{2}$$

ist. Die Form der Gleichungen eines um den Nullpunkt geschlagenen Kreises und einer durch diesen Punkt gehenden Geraden ist also bei Anwendung parabolischer Koordinaten wesentlich dieselbe wie bei den Koordinaten des Cartesius. Man könnte sogar behaupten, daß durch die neuen Koordinaten noch eine Vereinfachung gewonnen sei, insofern als an Stelle des Quadrates des Radius dieser selbst und an Stelle der ganzen Anomalie deren Hälfte in die Formel eingetreten sind. Die Gleichung 3c) bestätigt übrigens, falls φ von 0° bis 720° variiert, die Richtigkeit der am Schlusse des § 1 getroffenen Anordnungen über die Vorzeichen von ξ und η. Will man vom unteren

Blatte der ζ-Ebene ganz absehen, so ist es zweckmäßig, die Größe des Winkels φ zwischen — 180° und + 180° zu wählen.

Zu der Schar von Kreisen, deren Mittelpunkt der Koordinatenanfang ist, stehen übrigens unsere Parabelscharen noch in einer anderen Beziehung, die wir nicht unerwähnt lassen wollen. Es ist bekannt, daß die Mittelpunkte aller Kreise, welche eine Gerade und einen Kreis berühren, auf zwei Parabeln[1]) liegen, die das Centrum zum Brennpunkt und das vom Centrum auf die Gerade gefällte Lot zur Achse haben. Wählen wir die y-Achse als die gegebene Gerade, so werden die Parabeln kongruent; sie liegen symmetrisch zur Ordinatenachse und erfüllen die Gleichungen

$$y^2 = r^2 \pm 2rx,$$

in denen r den Radius des gegebenen Kreises bezeichnet. Das doppelte Vorzeichen ist dadurch bedingt, daß der gesuchte Kreis den gegebenen von innen oder außen und die gegebene Gerade auf der einen oder andern Seite berühren kann. Die Parabeln haben ihre Scheitel in den Mittelpunkten der beiden Radien, welche in der x-Achse liegen, und schneiden sich in den Endpunkten des gegebenen Kreisdurchmessers offenbar unter rechten Winkeln. Obige Gleichungen stimmen, wie man bemerkt, mit den Gleichungeu 2) genau überein, sobald der Radius r verschiedene Werte annimmt, die Aufgabe also für alle koncentrischen Kreise gelöst wird. Die Doppelschar der Ortslinien ist alsdann mit den beiden hier behandelten Parabelsystemen identisch.

§ 4.
Geometrische und physikalische Bedeutung der Parameter.

Wir versuchen jetzt für die Konstanten c, ξ, η der Gleichungen 2) eine — zunächst geometrische — Bedeutung zu ermitteln. Da

$$p = \frac{2\,\xi^2}{c}, \qquad q = \frac{2\,\eta^2}{c}$$

gesetzt war, so sind die Parameter 2p und 2q der Parabeln die dritten geometrischen Proportionalen zu c und 2ξ bez. 2η, falls man sich c, ξ und η als Strecken oder deren Maßzahlen gegeben denkt. Damit ist indes nicht viel gewonnen. Gehen wir jedoch auf die Eigenschaften der Parabel als Kegelschnitt zurück, so lassen sich jene Größen in einfacher Weise geometrisch deuten.

Die Parabel entsteht, wenn eine Ebene parallel mit einer Seitenlinie eines geraden oder schiefen Kreiskegels durch einen beliebigen, als Scheitel zu wählenden Punkt der Mantelfläche gelegt wird. Ist (Fig. 2) ABC ein Achsenschnitt eines solchen z. B. geraden Kegels, S der angenommene Punkt und AB die Seitenlinie, so ist SQ die Achse der Parabel, falls SQ parallel AB ist. Ihr Brennpunkt O ist der Berührungspunkt der Ebene SQP mit einer den Kegelmantel berührenden Kugel, deren Centrum D durch Halbieren der Winkel bei A und S gefunden wird. Dann wird[2])

$$\overline{PQ}^2 = 4\,\frac{\overline{DS}^2}{\overline{AS}}\cdot SQ = 4\,\frac{\overline{DS}^2}{\overline{AS}}\,(SO + OQ).$$

Setzt man DS = η, AS = c und wählt OQ als Achse der positiven Abscissen (x), die in O in

---

[1]) M. vergl. z. B. G. Emsmann, Mathematische Excursionen. Halle a/S., 1872, S. 166 und 169, oder dessen Abhandlung im Programm des hiesigen Realgymnasiums vom Jahre 1875 mit dem Titel: Die Kegelschnitte als geometrische Örter für die Mittelpunkte von Kreisen, welche zwei gegebene Kreise berühren. S. 27.

[2]) Vergl. E. Gruhl, Analytische Geometrie der Ebene. Berlin, 1878, S. 189.

der Ebene S Q P auf OS senkrechte Richtung als Ordinatenachse (y), so ergiebt sich, da die Dreiecke A S D und D S O ähnlich sind und mithin O S : D S = D S : A S ist,

$$y^2 = 4\frac{\eta^2}{c}x + 4\left(\frac{\eta^2}{c}\right)^2$$

d. h. die zweite der Gleichungen 2). Wiederholt man dieselbe Konstruktion an der über die Spitze A hinaus erweiterten Kegelfläche, so wird in derselben Weise die erste der Gleichungen 2) erhalten. Demnach wird der Abstand des Parabelscheitels von der Spitze des Kegels durch c, von der Achse des Kegels dagegen durch η (bez. ξ) repräsentiert. Dies ist die geometrische Bedeutung jener Konstanten. — Übrigens ist auch, wenn α die Öffnung des Kegels d. h. den Winkel B A C bezeichnet, $\eta = c \cdot \sin\frac{\alpha}{2}$; für die Entfernung O S des Scheitels vom Brennpunkt erhält man demnach

$$\frac{q}{2} = \eta \sin\frac{\alpha}{2} = c \sin^2\frac{\alpha}{2}.$$

Um von der ganzen z-Ebene mit allen in ihr liegenden Parabeln am Kegel eine Vorstellung zu gewinnen, legen wir durch A B die zu S Q P parallele Ebene und projicieren auf dieselbe alle auf dem Kegelmantel liegenden η- und ξ-Parabeln durch Gerade, welche dem Strahle A O parallel laufen. Dann fallen alle Brennpunkte O in die Spitze A des Kegels und ebenso decken sich alle Achsen der Parabeln mit A B oder ihrer Verlängerung über A hinaus.

Von anderen rein mathematischen Aufgaben, in denen der Parameter einer Parabel sich als dritte geometrische Proportionale zu zwei gegebenen Strecken darstellt, sehen wir hier ab. Dagegen möge es gestattet sein, an das entsprechende Vorkommen jener Größe in der Mechanik zu erinnern. Wird ein materieller Punkt von einer Beschleunigung beeinflußt, deren Richtung fortwährend nach einem festen Centrum hinläuft und deren Größe dem umgekehrten Quadrate der Entfernung des Punktes vom Centrum proportional ist, so ist die Bahn desselben nach den allgemeinen Gesetzen der Centralbewegung ein Kegelschnitt, dessen Natur einzig und allein durch die Größe der Anfangsgeschwindigkeit (v_0) und des anfänglichen Abstandes (r_0) vom Centrum, nicht aber durch die Richtung der Anfangsgeschwindigkeit bedingt ist. Dieser Kegelschnitt wird, falls

$$v_0^2 - \frac{2\mu}{r_0} = 0$$

ist, eine Parabel, welcher die Gleichung[1]) zukommt

$$y^2 = -2\frac{c_1^2}{\mu}x + \frac{c_1^4}{\mu^2}.$$

Hierbei hat c_1 den Wert $v_0\, r_0 \sin\alpha_0$, wenn α_0 den Winkel bezeichnet, welchen die Richtung der Anfangsgeschwindigkeit mit dem Radiusvektor der Anfangslage des Punktes bildet, während μ die Intensität der Anziehungskraft in der Einheit der Entfernung mißt. Ein Vergleich mit der ersten Gleichung in 2) zeigt, daß ξ mit c_1, c mit 2μ zu identificieren ist, um völlige Übereinstimmung zu erzielen. Die physikalische Bedeutung von ξ (bez. η) und c ergiebt sich hiernach von selbst. Specielle Beispiele bieten die Bewegung von Kometen und Sternschnuppen, die parabolische Bahnen

[1]) Vergl. Duhamel, Lehrbuch der analytischen Mechanik, herausgegeben von O. Schlömilch. Leipzig, 1853. Bd. 2. S. 41.

haben, und die verschiedenen Fälle der Wurfbewegung unter dem Einfluß der Anziehungskraft der Erde.

§ 5.

Graphische Darstellung der Lösungen der Pythagoreischen Gleichung.

In fast elementarer Weise lassen sich die parabolischen Koordinaten verwenden, wenn es sich um die graphische Darstellung[1]) der Lösungen der Pythagoreischen Gleichung

$$x^2 + y^2 = r^2$$

handelt. Hier werden Zahlen x und y gesucht, für welche die Summe der Quadrate gleich einer Quadratzahl r^2 ist. Als zusammengehörige Werte von x, y und r finden wir die Ausdrücke

$$x = \frac{\xi^2 - \eta^2}{c}, \qquad y = \frac{2\,\xi\,\eta}{c}, \qquad r = \frac{\xi^2 + \eta^2}{c},$$

in welchen, falls nur Lösungen in ganzen positiven Zahlen verlangt werden, für c z. B. die Einheit für ξ und η dagegen ebenfalls und zwar alle möglichen positiven ganzen Zahlen zu setzen sind. Würden aber nur die wirklich verschiedenen Lösungen verlangt, so wären alle diejenigen Lösungen auszuschließen, die sich als Vielfache einer bereits gefundenen Lösung darstellen; ξ und η dürfen daher in diesem Falle keinen gemeinschaftlichen Teiler haben, aber auch nicht beide zugleich ungerade Zahlen sein.

Sehen wir zunächst von den genannten Einschränkungen ab und betrachten x und y als die geradlinigen rechtwinkeligen Koordinaten eines Punktes P, so stellen offenbar ξ und η für denselben Punkt die parabolischen Koordinaten vor. Es sind nämlich, wie man bemerkt, x und y die Wurzeln der Gleichungen 2), so daß die Punkte P als Schnittpunkte der durch diese Gleichungen gegebenen orthogonalen Parabelscharen angesehen werden können. Die Figur 3) zeigt die entsprechende Konstruktion für den ersten Quadranten, auf welchen es allein ankommt, da negative Werte von x oder y nichts Neues liefern. Sie ist dadurch entstanden, daß c = 1 und für ξ und η die Werte der natürlichen Zahlenreihe von 0 bis 15 gesetzt wurden, und verschafft demnach alle Lösungen Pythagoreischer Dreiecke, für welche keine der beiden Katheten den Wert 200 übersteigt. Bei der Zeichnung läßt sich die symmetrische Lage der Parabeln zu den Koordinatenachsen, ebenso wie die Kongruenz je zweier derselben mit Vorteil ausnutzen. Die Cartesischen Koordinaten der Schnittpunkte, die einfach abzulesen sind, sind die Katheten, die Radienvektoren die Hypotenusen Pythagoreischer Dreiecke. Beispielsweise schneiden sich die Parabeln $\xi = 5$ und $\eta = 2$ in einem Punkte P, für welchen $OQ = x = 21$, $PQ = y = 20$, $OP = r = 29$ ist; in der That ist $21^2 + 20^2 = 29^2$.

Wir bezeichnen als wesentliche Lösungen alle diejenigen Wertepaare von x und y, welche hinreichen, um alle Lösungen zu finden. Handelt es sich nur um solche, so sind in der Figur, welche alle Werte liefert, die sich direkt als Schnittpunkte zweier Parabeln unseres Koordinatensystems darstellen, zunächst alle Wertepaare fortzulassen, die aus einem bereits gefundenen durch bloße Erweiterung entstehen. Es ergeben sich z. B. aus x = 3, y = 4 auch die Lösungen x = 12, y = 16; x = 27, y = 36; x = 48, y = 64 u. s. w. Alle diese sind in der Figur durch einen nach

[1]) M. vergl. meine Mitteilung in der Zeitschrift für mathematischen und naturwissenschaftlichen Unterricht, herausgegeben von J. C. V. Hoffmann, 1888, Jahrgang 19: Graphische Darstellung der Lösungen der Pythagoreischen Gleichung.

dem Nullpunkte gerichteten Strich bezeichnet und werden, da sie auf geraden Linien, den Radienvektoren, liegen, am einfachsten dadurch ausgeschieden, daß man einen Fahrstrahl um den Nullpunkt dreht und von allen in einer und derselben Richtung liegenden Werten nur denjenigen stehen läßt, der dem Koordinatenanfang am nächsten liegt, ein Verfahren, welches lebhaft an das Sieb des Eratosthenes erinnert. Derartige Wertepaare die in der Figur durch einen kleinen Kreis gekennzeichnet sind, gehen aus den noch übrigen wesentlichen Lösungen dadurch hervor, daß die Werte von x und y mit einander vertauscht und die neuen Lösungen mit dem Faktor 2 erweitert werden. So sind z. B., da die Werte $x = 9$, $y = 40$ die Aufgabe lösen, auch $x = 40$, $y = 9$ und ebenso $x = 80$, $y = 18$ Lösungen; diese sind also nicht wesentliche. Demnach ergeben sich im Zahlengebiet von 1 bis 200 im ganzen 35 wesentliche Lösungen. Sie sind in folgender Tabelle[1]) enthalten:

x	y	x	y	x	y	x	y	x	y	x	y	x	y	x	y	x	y
3	4	5	12	7	24	9	40	11	60	13	84	15	112	17	144	19	180
15	8	21	20	55	48	33	56	39	80	85	132	51	140	57	176		
35	12	45	28	91	60	65	72	119	120	133	156	95	168				
63	16	77	36	187	84	105	88	171	140								
99	20	117	44			153	104										
143	24	165	52														
195	28																

Sollen umgekehrt aus diesen wesentlichen Lösungen alle übrigen Lösungen gefunden werden, so hat man zuerst zur Vertauschung von x und y in Fig. 3 für jede wesentliche Lösung das Spiegelbild gegen die durch den Anfangspunkt gehende Diagonale des Quadrates zu suchen, alle bisher gefundenen Punkte, d. h. sowohl die wesentlichen Lösungen als auch ihre Spiegelbilder mit dem Koordinatenanfang zu verbinden und die Entfernung wiederholt auf dem Fahrstrahl abzuschneiden. Dabei ergeben sich freilich auch Lösungen, die nicht auf den in der Figur gezeichneten Parabeln liegen, sondern anderen Parabelsystemen angehören, auf welche weiter unten (S. 13) eingegangen wird; die Zeichnung würde jedoch sehr an Übersichtlichkeit verlieren, falls alle Lösungen eingetragen würden. Es ergeben sich auf diese Weise innerhalb des Zahlengebiets von 1 bis 200 überhaupt 302 Lösungen der Pythagoreischen Gleichung.

§ 6.

Gerade Linie und Parabel.

Aus dem Bisherigen ist ersichtlich, daß die Gleichung einer auf den Koordinatenanfang als Brennpunkt und die x-Achse als Achse bezogenen Parabel in parabolischen Koordinaten ausgedrückt — a und b sind konstante Größen —

4) $\xi = a$ oder $\eta = b$

lautet, je nachdem der Scheitel der Parabel auf der ξ- oder η-Achse d. h. auf der positiven oder der negativen Hälfte der x-Achse angenommen wird. Im allgemeinen wird die Gleichung einer

[1]) Eine Tafel Pythagoreischer Dreiecke findet sich u. a. auch in der Sammlung trigonometrischer Aufgaben von A. Wiegand, Leipzig 1852; sie enthält 131 wesentliche Lösungen.

beliebigen Kurve [1]), welche im Cartesischen Koordinatensystem $F(x, y) = 0$ ist, im parabolischen System

5) $$F\left(\frac{\xi^2 - \eta^2}{c}, \frac{2\xi\eta}{c}\right) = 0$$

lauten, während sich bei Anwendung von Polarkoordinaten die Gleichung

5a) $$F(r, \varphi) = 0 \text{ in } F\left(\frac{\xi^2 + \eta^2}{c}, 2 \,.\, \operatorname{arc} \operatorname{tg} \frac{\eta}{\xi}\right) = 0$$

verwandelt. Umgekehrt geht die in parabolischen Koordinaten ausgedrückte Gleichung einer Kurve $F(\xi, \eta) = 0$ für Cartesische Koordinaten in

5b) $$F\left[\sqrt{\frac{c}{2}(\sqrt{x^2 + y^2} + x)}, \sqrt{\frac{c}{2}(\sqrt{x^2 + y^2} - x)}\right] = 0,$$

für Polarkoordinaten in

5c) $$F\left[\sqrt{cr} \cdot \cos\frac{\varphi}{2}, \sqrt{cr} \cdot \sin\frac{\varphi}{2}\right] = 0$$

über. Machen wir zu diesen Umformungen einige Beispiele.

Die Gleichung einer geraden Linie, welche mit der ξ-Achse, also mit der positiven Richtung der x-Achse den Winkel α bildet und deren Durchschnittspunkt mit dieser Achse die Abscisse a hat, lautet in parabolischen Koordinaten

6) $$\xi^2 - \eta^2 = 2\xi\eta \operatorname{ctg}\alpha + ac.$$

Es empfiehlt sich nämlich, die Form $x = y \,.\, \operatorname{ctg}\alpha + a$ der Gleichung der geraden Linie anzuwenden, weil es in unserem Koordinatensystem eine „Ordinatenachse" nicht giebt oder wenigstens diese keine andere Rolle spielt, wie jeder andere durch den Nullpunkt gelegte Strahl.

Setzen wir $\eta = 0$, so erhalten wir für den Abschnitt auf der ξ-Achse, wie es sein muß, $x_\xi = \xi^2 : c = a$. Würde dagegen $\xi = 0$ gesetzt, so ergiebt sich $x_\eta = \eta^2 : c = -a$, was nicht möglich ist, so lange a eine positive Strecke vorstellt; die η-Achse wird also unter dieser Annahme von der Geraden 6) nicht geschnitten. Ist $a = 0$, so geht die Gerade durch den Koordinatenanfang; ihre Gleichung ist dann

$$\xi^2 - \eta^2 = 2\xi\eta \operatorname{ctg}\alpha \quad \text{oder} \quad \left(\eta - \xi \operatorname{tg}\frac{\alpha}{2}\right)\left(\eta + \xi \operatorname{ctg}\frac{\alpha}{2}\right) = 0$$

d. h. $$\eta = \xi \,.\, \operatorname{tg}\frac{\alpha}{2} \quad \text{und} \quad \eta = -\xi \,.\, \operatorname{ctg}\frac{\alpha}{2}.$$

Das erste Resultat bezieht sich auf den in der ersten Halbebene liegenden Strahl der Geraden, das zweite auf den anderen Strahl. Ist $\alpha = 90^\circ$ und $a = 0$, so ist $\xi^2 - \eta^2 = 0$, also $\eta = \xi$ und $\eta = -\xi$ die Gleichung der beiden Strahlen, welche auf der Achse im Koordinatenanfang senkrecht stehen; ist $\alpha = 90^\circ$, a indessen von 0 verschieden, so ergiebt sich $\xi^2 - \eta^2 = ac$ als Gleichung der Senkrechten zur Achse in der Entfernung a vom Nullpunkt. Ist endlich $\alpha = 0^\circ$ und nähert sich mit ins Unendliche wachsendem a das Produkt $a \operatorname{tg}\alpha$ der Grenze $-a_1$, so hat man es mit einer Parallelen zur Achse im Abstande a_1 zu thun, deren Gleichung $2\xi\eta = a_1 c$ ist.

Während die Gleichung der geraden Linie in beliebiger Lage im parabolischen Koordinaten-

[1]) Vergl. G. Holzmüller a. a. O. S. 104.

system vom zweiten Grade ist, ergiebt sich für eine beliebig gelegene Parabel im allgemeinen eine Gleichung vierten Grades. Als Beispiel merken wir uns die Scheitelgleichung einer Parabel, deren Achse mit der ξ-Achse zusammenfällt und deren Parameter 2p ist, nämlich

7) $$\xi^2 \eta^2 = \frac{1}{2} cp\,(\xi^2 - \eta^2) \quad \text{oder} \quad \frac{1}{\eta^2} - \frac{1}{\xi^2} = \frac{2}{cp}.$$

Sobald jedoch der Brennpunkt der Parabel im Koordinatenanfang liegt, ist ihre Gleichung vom ersten Grade. Um dies einzusehen, nehmen wir die allgemeine Form der Gleichung ersten Grades

8) $$\frac{\xi}{a} + \frac{\eta}{b} = 1,$$

quadrieren und führen vermittelst 5b) die Cartesischen Koordinaten ein. Wir erhalten

$$b^2 c\,(\sqrt{x^2 + y^2} + x) + a^2 c\,(\sqrt{x^2 + y^2} - x) + 2\,abcy - 2\,a^2 b^2 = 0.$$

Beseitigen wir die Wurzeln und setzen zur Abkürzung

$$\sin\alpha = \frac{2\,ab}{a^2 + b^2} \text{ d. h. } \cos\alpha = \frac{a^2 - b^2}{a^2 + b^2},\ p = \frac{a^2 b^2}{(a^2 + b^2)\,c},$$

so ergiebt sich

$$(x \sin\alpha + y \cos\alpha)^2 - 4\,p\,(x \cos\alpha - y \sin\alpha) - 4\,p^2 = 0$$

oder, wenn wir das Koordinatensystem um den Winkel $-\alpha$ drehen,

$$y_1^2 = 4\,p\,x_1 + 4\,p^2.$$

Die durch Gleichung 8) dargestellte Kurve (Fig. 4) ist also in der That eine Parabel, deren Brennpunkt der Koordinatenanfang ist; ihr Parameter ist 4p. Setzen wir der Reihe nach $\eta = 0, \xi = 0, \eta = \xi, \eta = -\xi$, so erhalten wir für die Abschnitte, welche die Parabel auf den Achsen des Koordinatensystems (x, y) erzeugt,

$$OA = \frac{a^2}{c},\ OB = \frac{b^2}{c},\ OC = \frac{2a^2 b^2}{(a+b)^2 \cdot c},\ OD = \frac{2a^2 b^2}{(a-b)^2 \cdot c} \text{ und } OS = p.$$

Diese Abschnitte stehen also unter einander beispielsweise in folgender Beziehung:

$$\frac{1}{OA} + \frac{1}{OB} = \frac{1}{OS} = \frac{1}{OC} + \frac{1}{OD},$$

welche, da die Größe von a und b willkürlich angenommen werden kann, für jede Parabel gilt. Wir erhalten mithin den bekannten Satz[1]): In jeder Parabel ist der halbe Parameter das harmonische Mittel zu den Abschnitten einer beliebigen Brennpunktssehne.

Von besonderen Fällen der Gleichung 8) heben wir folgende hervor. Ist a oder b unendlich groß, so wird eine η- oder ξ-Parabel des parabolischen Koordinatensystems erhalten. Wenn aber $b = \pm a$ ist, so ergeben sich die Gleichungen

8a) $$\xi + \eta = s \quad \text{und} \quad \xi - \eta = d,$$

welche für konstante Werte von s und d zwei Systeme von Parabeln vorstellen, deren gemeinsame Achse auf der ξ-Achse senkrecht steht und deren Brennpunkt natürlich der Koordinatenanfang ist. Ihre Gleichungen in Cartesischen Koordinaten sind

[1]) Vergl. E. Gruhl a. a. O. S. 110, 148 und 178. Auf die Konstruktion des harmonischen Mittels mit Anwendung der Parabel scheint zuerst A. Wiegand im Jahre 1845 aufmerksam gemacht zu haben. S. dessen Analytische Geometrie. 6. Aufl. Halle, 1882. S. 46.

$$x^2 = -2\frac{s^2}{c}y + \left(\frac{s^2}{c}\right)^2 \quad \text{und} \quad x^2 = 2\frac{d^2}{c}y + \left(\frac{d^2}{c}\right)^2;$$

aus ihnen ist mühelos zu erkennen, daß beide Scharen von Parabeln orthogonal sind. Auch auf einem anderen Wege lassen sich diese Systeme ableiten. Nach 1a) ist

$$x = \frac{\xi^2 - \eta^2}{c}, \quad y = \frac{2\xi\eta}{c}.$$

Dafür aber läßt sich schreiben

$$x = \frac{(\xi+\eta)(\xi-\eta)}{c} = \frac{s.d}{c}, \quad y = \frac{2}{c}\left[\left(\frac{\xi+\eta}{2}\right)^2 - \left(\frac{\xi-\eta}{2}\right)^2\right] = \frac{s^2-d^2}{2c};$$

s und d spielen also geradezu die Rolle von ξ und η, wofern 2c an Stelle von c dem System zu Grunde gelegt und eine Vertauschung der Koordinatenachsen vorgenommen wird. Die s- und d-Parabeln schneiden sich also ebenfalls unter rechten Winkeln, die Entfernungen ihrer Scheitel vom Brennpunkte jedoch sind immer nur die Hälfte der Abstände bei den entsprechenden ξ- und η-Parabeln.

Dies neue System orthogonaler Parabeln ergiebt in den Schnittpunkten die noch fehlenden Punkte der Fig. 3) (S. 10), deren Abscissen und Ordinaten Lösungen der Pythagoreischen Gleichung sind.

§ 7.

Ellipse und Hyperbel.

Wir betrachten jetzt die Gleichung

9) $$\frac{\xi^2}{a^2} + \frac{\eta^2}{b^2} = 1$$

und suchen ihre Bedeutung zu ermitteln. Dazu führen wir am zweckmäßigsten Polarkoordinaten ein. Vermittelst 5c) erhalten wir nach einigen Umformungen

$$r = \frac{p}{1 - \varepsilon\cos\varphi}, \text{ wo } p = \frac{2a^2b^2}{(a^2+b^2)c}, \quad \varepsilon = \frac{a^2-b^2}{a^2+b^2}.$$

Somit ergiebt sich das nicht uninteressante Resultat, daß Gleichung 9) die Brennpunktsgleichung eines Kegelschnittes ist, der 2p zum Parameter und ε zur numerischen Excentricität hat. Um seine Art zu erkennen, bringen wir 9) auf die Form

9a) $$(1-\varepsilon)\xi^2 + (1+\varepsilon)\eta^2 = cp$$

und unterscheiden folgende Fälle.

1) Ist $\varepsilon = 0$, also $a^2 = b^2$, so ist $r = p$ d. h. $\xi^2 + \eta^2 = a^2$, also 9) die Gleichung eines Kreises, dessen Mittelpunkt der Koordinatenanfang und dessen Radius $a^2 : c$ ist.

2) Ist $\varepsilon = 1$, so wird, da immer $\frac{1-\varepsilon}{cp} = \frac{1}{a^2}$, $\frac{1+\varepsilon}{cp} = \frac{1}{b^2}$ ist, $a = \infty$, also $\eta^2 = b^2$ oder $\eta = b$. Die Gleichung 9) bedeutet mithin in diesem Falle eine η-Parabel mit der Scheitelentfernung $b^2 : c$. Ist dagegen $\varepsilon = -1$, so wird $b = \infty$, also ergiebt sich $\xi^2 = a^2$ oder $\xi = a$ d. h. eine ξ-Parabel mit der Scheitelentfernung $a^2 : c$.

3) Ist $0 < \varepsilon < 1$, also unter Voraussetzung eines reellen a und b $a^2 > b^2$, so stellt die Gleichung 9) eine Ellipse vor, für welche die große Achse $(a^2 + b^2) : c$, die kleine Achse $(2ab) : c$, die geometrische Excentricität $(a^2 - b^2) : c$ ist; sie schneidet von der ξ-Achse das Stück $a^2 : c$, von der η-Achse das Stück $b^2 : c$ ab. Ist aber $-1 < \varepsilon < 0$, also $a^2 < b^2$, so liegt der zweite Brenn-

punkt der Ellipse im Anfangspunkt der Koordinaten, während im übrigen die Verhältnisse sich nicht wesentlich ändern.

4) Die Fälle $1 < \varepsilon < \infty$ und $-1 > \varepsilon > -\infty$ können nur eintreten, wenn entweder a oder b rein imaginär ist. Setzen wir z. B. $a = a_1$, $b = ib_1$ und $a_1^2 > b_1^2$, so liefert 9) die Gleichung

9b) $$\frac{\xi^2}{a_1^2} - \frac{\eta^2}{b_1^2} = 1$$

als Gleichung eines Zweiges einer Hyperbel und zwar desjenigen Zweiges, dessen benachbarter Brennpunkt nicht im Koordinatenanfang, sondern auf der ξ-Achse im Abstande $(a_1^2 + b_1^2):c$ vom Nullpunkt liegt; der andere zur Hyperbel gehörige Zweig, dessen benachbarter Brennpunkt in den Koordinatenanfang fällt, hat die Gleichung

9c) $$\frac{\xi^2}{b_1^2} - \frac{\eta^2}{a_1^2} = 1.$$

Die Hauptachse der Hyperbel ist $(a_1^2 - b_1^2):c$, die Nebenachse $(2\,a_1\,b_1):c$ und die Scheitelabstände vom Nullpunkt $a_1^2:c$ für 9b), $b_1^2:c$ für 9c) Für $a_1 = (1 + \sqrt{2})\,b_1$ wird die Hyperbel gleichseitig und für $a_1 = b_1$ geht sie in eine gerade Linie über, die auf der ξ-Achse senkrecht steht und vom Koordinatenanfang die Entfernung $a_1^2:c$ hat.

§ 8.

Die Fußpunktkurve des Kreises.

Die Gleichung der aus einem inneren und einem äußeren Blatt bestehenden Cartesischen Ovale, welche in Polarkoordinaten bekanntlich

$$r^2 - r\,(b \cos\varphi + a) + \varkappa^2 = 0$$

ist, lautet vermöge 5a) in parabolischen Koordinaten

10) $$(\xi^2 + \eta^2)^2 = c\,[(a + b)\,\xi^2 + (a - b)\,\eta^2] - c^2\,\varkappa^2.$$

Uns interessiert an dieser Stelle vornehmlich der besondere Fall, in welchem die Konstante $\varkappa = 0$ ist. Dann stellt die Gleichung

10a) $$(\xi^2 + \eta^2)^2 = c\,[(a + b)\,\xi^2 + (a - b)\,\eta^2]$$

die Fußpunktkurve eines Kreises (Fig. 5) mit dem Radius a dar, wofern der Pol P vom Mittelpunkte O des Kreises die Entfernung b hat und die vom Pol nach dem Centrum gezogene Linie zur Polar- oder ξ-Achse genommen wird. Falls a oder b gleich 0 ist, geht die Kurve in einen Kreis über. Liegt dagegen der Pol auf der Peripherie des Kreises, so ist b = a und wir erhalten die einfache Gleichung

10b) $$\xi^2 + \eta^2 = \alpha\,\xi \quad , \quad \alpha = \sqrt{2\,a\,c}\ ,$$

als Gleichung einer Kardioide (Fig. 6.), deren Rückkehrpunkt mit dem Koordinatenanfang zusammenfällt und deren auf der ξ-Achse liegender Scheitel vom Nullpunkte den Abstand 2 a hat. Die Gleichung

10c) $$\xi^2 + \eta^2 = \alpha\,\eta \quad , \quad \alpha = \sqrt{2\,a\,c}\ .$$

drückt offenbar eine 10b) kongruente Kardioide aus, welche sich von dieser nur durch ihre Lage unterscheidet.

Zur bequemeren Konstruktion der durch 10 a) gegebenen Kurve möge daran erinnert werden, daß dieselbe auch mit dem Kreise, dessen Durchmesser b ist, im engsten Zusammenhange steht und in bezug auf diesen als Kreiskonchoide bezeichnet werden kann. Man hat nur alle von einem beliebigen Punkte der Peripherie des Kreises aus gezogenen Sehnen um die Strecke a zu verlängern oder zu verkürzen, um auf die einfachste Weise die Kurve zu erhalten. Ist dabei $b = 2a$, so liefert die Kurve übrigens eine auch anderweitig bekannte Lösung für die Dreiteilung eines Winkels.

Von größerer Wichtigkeit indessen ist der Umstand, daß sich unsere Kurve auch als verlängerte oder verkürzte Epicykloide ansehen läßt, falls der Radius des rollenden Kreises dieselbe Größe hat, wie der des festen. Ist a der Durchmesser der beiden Kreise und bedeutet b den doppelten Abstand des die Rollkurve beschreibenden Punktes vom Mittelpunkte des rollenden, so erhält man, wie bekannt, die Gleichung der Epicykloide durch Elimination des Wälzungswinkels ω der Centrale aus den Gleichungen

$$x_1 = a \cos \omega - \frac{1}{2} b \cos 2\omega \quad , \qquad y_1 = a \sin \omega - \frac{1}{2} b \sin 2\omega .$$

Diese beziehen sich auf ein Koordinatensystem $(x_1, y_1,)$ für welches der Mittelpunkt des festen Kreises Anfangspunkt ist und die Abscissenachse durch die Centrale der Anfangslage gegeben wird. Je nachdem dabei $b \lesseqgtr a$ ist, wird eine verlängerte oder verkürzte Rollkurve erhalten.

Würden wir den Koordinatenanfang in der Abscissenachse um $\frac{1}{2}$ b verschieben und daher mit Anwendung parabolischer Koordinaten

$$x_1 = \frac{b}{a} - \frac{\xi^2 - \eta^2}{c} \,, \qquad y_1 = \frac{2\,\xi\,\eta}{c}$$

setzen, so würde sich durch Elimination von ω Gleichung 10a) ergeben und damit die Übereinstimmung jener Fußpunktkurve mit der Rollkurve bewiesen sein. Wenn dagegen der Koordinatenanfang um ein Stück $\frac{a^2}{2b}$ verlegt werden soll, so ist, falls ξ_1, η_1 die auf den neuen Anfangspunkt A bezüglichen Koordinaten sind,

$$x_1 = \frac{a^2}{2b} - \frac{\xi_1^2 - \eta_1^2}{c} \,, \qquad y_1 = \frac{2\,\xi_1\,\eta_1}{c}$$

zu setzen. In diesem Falle erhalten wir ein besonders einfaches Resultat, nämlich

$$\text{10d)} \qquad (\xi_1 - \alpha_1)^2 + \eta_1^2 = \rho_1^2 \quad , \qquad \alpha_1 = a\sqrt{\frac{c}{2b}} \quad , \qquad \rho_1^2 = \frac{bc}{2} \, .$$

Für $b = a$ stimmen beide Koordinatentransformationen überein und es ergiebt sich die Gleichung 10b) der Kardioide.

Schließlich ist zu erwähnen, daß die hier betrachtete Kurve auch als Pascal'sche Schneckenlinie (limaçon) bezeichnet[1]) wird; außerdem hat Herr Holzmüller, um den Zusammenhang mit der Kardioide hervorzuheben, für dieselbe die Benennung „Kardioidische Kurve" in Vorschlag gebracht.

§ 9.

Die Inversion.

An einigen einfachen Beispielen haben wir bisher gezeigt, auf welche Weise die Gleichung einer gegebenen Kurve in parabolischen Koordinaten ausgedrückt wird. Wir haben dabei gefunden, daß immer je zwei Linien sich derselben Form der Kurvengleichung erfreuen, daß also z. B. den Kreisen $(x - a)^2 + y^2 = r^2$ eine Schar von kardioidischen Kurven mit der Gleichung

---

[1]) S. G. Holzmüller a. a. O. S. 125.

$(\xi - \alpha)^2 + \eta^2 = \rho^2$ entspricht. Dies läßt sich auch folgendermaßen aussprechen: Die durch Gleichung 1) angedeutete konforme Abbildung der $\xi\eta$-Ebene auf die xy-Ebene verwandelt im allgemeinen[1]

gerade Linien	in	konfokale Parabeln,
gleichseitige Hyperbeln	in	gerade Linien,
Lemniskaten	in	Kreise,
Kreise	in	kardioidische Kurven.

Eine andere, nicht minder wichtige Umformung eines gegebenen Kurvensystems in ein neues ist die Inversion. Beschränken wir uns auf den Koordinatenanfang als Inversionscentrum und bezeichnen mit $\varkappa^2$ das konstante Rechteck zweier zu derselben Anomalie φ gehörigen Radienvektoren r und r_1, so geht die Kurve mit der Polargleichung

$$F(r, \varphi) = 0 \text{ über in } \quad F(r_1, \varphi_1) = F\left(\frac{\varkappa^2}{r}, \varphi\right) = 0.$$

Dieselbe Transformation verwandelt die in parabolischen Koordinaten ausgedrückte Kurve

$$11) \quad F(\xi, \eta) = 0 \quad \text{in} \quad F(\xi_1, \eta_1) = F\left(\frac{\varkappa c}{\xi^2 + \eta^2}\xi, \frac{\varkappa c}{\xi^2 + \eta^2}\eta\right) = 0.$$

Daraus ist zu erkennen, daß, sobald die willkürlichen Konstanten $\varkappa$ und c gleich sind, der Übergang von einer Kurve zu ihrer inversen sich im parabolischen Koordinatensystem in genau derselben Weise vollzieht wie bei Cartesischen Koordinaten. Somit hat die inverse Kurve der Parabel 8) die Gleichung

$$11a) \qquad \xi_1^2 + \eta_1^2 = \varkappa c\left(\frac{\xi_1}{a} + \frac{\eta_1}{b}\right);$$

sie ist also eine Kardioide, für welche der Koordinatenanfang Rückkehrpunkt ist und deren in der Hauptachse liegende Sehnenabschnitte $\frac{\varkappa^2 c}{a^2}$ und $\frac{\varkappa^2 c}{b^2}$ sind. Die Fußpunktkurve des Kreises, deren Gleichung 10a) war, liefert bei der Abbildung durch reciproke Radienvektoren die Kurve

$$11b) \qquad \frac{\xi_1^2}{a_1^2} + \frac{\eta_1^2}{b_1^2} = 1, \quad a_1^2 = \frac{\varkappa^2 c}{a+b}, \quad b_1^2 = \frac{\varkappa^2 c}{a-b},$$

d. h. einen Kegelschnitt, von welchem der eine Brennpunkt mit dem Nullpunkt und die große Achse mit der Hauptachse zusammenfällt. Dieselbe Kurve als Epicykloide betrachtet (Gleichung 10d) und somit auf ein anderes Koordinatensystem bezogen ergiebt als inverse Kurve

$$11c) \quad (\xi - \alpha)^2 + \eta^2 = \rho^2, \quad \alpha = \frac{\varkappa a \sqrt{2bc}}{a^2 - b^2}, \quad \rho^2 = \frac{2\varkappa^2 b^3 c}{(a^2 - b^2)^2}.$$

Das sphärische Spiegelbild einer kardioidischen Kurve ist somit bei passender Wahl des Inversionscentrums eine Kurve von derselben Art[2]). Die Kurve ist also (ebenso wie das Cartesische Oval) anallagmatisch; für $2\varkappa b = a^2 - b^2$ ist sogar das Spiegelbild der Kurve kongruent. Dies Resultat war von vornherein zu erwarten, da die Kurve in jeder Hinsicht das Analogon des Kreises ist. Es ist aber auch von Wichtigkeit für eine Reihe von Aufgaben aus der mathematischen Physik. Die Aufgabe, für einen von zwei excentrischen Kugeln gebildeten Raum die Potentialgleichung zu integrieren, lösten Thomson, Dirichlet und C. Neumann bekanntlich dadurch, daß sie die Kugeln

---

[1]) S. G. Holzmüller a. a. O. S. 126 und 127.

[2]) Vergl. G. Holzmüller a. a. O. S. 127.

durch Abbildung mittels reciproker Radienvektoren in koncentrische verwandelten. In derselben Weise läßt sich die Lösung der Potentialaufgabe für einen schalenförmigen Körper durchführen, der durch Rotation zweier beliebigen kardioidischen Kurven um die gemeinsame Achse entsteht; man hat eben nur durch Inversion die beiden Flächen in „koncentrische", wenn man so sagen darf, zu verwandeln und die Lösung auf diesen Fall zurückzuführen. Da wir gesehen haben, daß die Meridiane der Rotationsflächen inverse Kegelschnitte sind, so sind die Funktionen, welche die Lösung vermitteln, keine höheren als Kugelfunktionen oder zu diesen gehörige Grenzfunktionen.

Der einfachste Fall der genannten Aufgabe ist offenbar derjenige, in welchem die kardioidischen Kurven zu Kardioiden mit gemeinsamem Rückkehrpunkt geworden sind. Derselbe entspricht dem Grenzfalle der sich im Nullpunkte berührenden Kreise bez. Kugeln. Bei dieser und einigen anderen Aufgaben ist es dann ganz zweckmäßig, an Stelle des parabolischen Koordinatensystems (ξ, η) direkt kardioidische Koordinaten (ξ_1, η_1) zu verwenden. Ihren Zusammenhang mit den Cartesischen Koordinaten zeigen die Gleichungen

$$12)\qquad x = \varkappa^2 c \frac{\xi_1^2 - \eta_1^2}{(\xi_1^2 + \eta_1^2)^2}, \qquad y = \varkappa^2 c \frac{2\,\xi_1 \eta_1}{(\xi_1^2 + \eta_1^2)^2};$$

$$12a)\; \left(x^2 + y^2 - \frac{\varkappa^2 c}{2\xi_1^2}\,x\right)^2 = \left(\frac{\varkappa^2 c}{2\xi_1^2}\right)^2 (x^2 + y^2), \quad \left(x^2 + y^2 + \frac{\varkappa^2 c}{2\eta_1^2}\,x\right)^2 = \left(\frac{\varkappa^2 c}{2\eta_1^2}\right)^2 (x^2 + y^2).$$

Letztere sind für konstante Werte von ξ_1 und η_1 die Gleichungen zweier Systeme von orthogonalen Kardioiden (Fig. 6), deren gemeinsamer Rückkehrpunkt in den Koordinatenanfang fällt und deren Achsen in der Hauptachse liegen.

In diesem Koordinatensystem spielen demnach Kardioiden die Rolle der konfokalen Parabeln des parabolischen Systems. Jeder Punkt der Ebene bestimmt sich durch den Schnitt zweier Kardioiden, von denen die eine ihren Scheitel auf der positiven, die andere auf der negativen Hälfte der x-Achse hat. Wie bei den parabolischen Koordinaten kann man die Festsetzung treffen, daß ξ_1 nur positive Werte annimmt, während η_1 in der Halbebene $(x, +y)$ positiv, in der Halbebene $(x, -y)$ negativ ist. Die Grenzen für ξ_1 und η_1 sind dieselben wie bei den parabolischen Koordinaten (ξ, η), aber in umgekehrter Reihenfolge; denn die Scheitel der in einander geschachtelten Kardioiden entfernen sich vom Koordinatenanfang um so weiter, je kleinere Werte ihre Parameter ξ_1 und η_1 annehmen. Für alle Punkte, welche auf der negativen Hälfte der x-Achse oder in unendlicher Ferne liegen, ist $\xi_1 = 0$; dagegen hat η_1 den Wert 0 für alle in der positiven x-Achse oder in der Unendlichkeit liegenden Punkte Für den Anfangspunkt der Koordinaten ist sowohl ξ_1 als η_1 gleich ∞.

Die Gleichung $\xi_1 = a$ bedeutet also im Kardioidensystem eine bestimmte Kardioide und in entsprechender Weise lassen sich die Gleichungen anderer Kurven in diesen Koordinaten ausdrücken. Da die Durchführung von Beispielen unnötig erscheint, so begnügen wir uns mit dem Hinweis, daß bei einem Vergleich der Kurven im kardioidischen und im Cartesischen System im allgemeinen

geraden Linien	kardioidische Kurven,
gleichseitigen Hyperbeln	Kreise,
Lemniskaten	gerade Linien,
Kreisen	Parabeln

entsprechen.

§ 10.

Entfernung zweier Punkte. Differentiale.

Es ist selbstverständlich, daß die parabolischen Koordinaten außer bei physikalischen Fragen auch bei der Diskussion ebener Kurven, insbesondere solcher, deren Gleichung in diesen Koordinaten eine einfache Gestalt hat, mit Vorteil angewandt werden können. Indessen müssen wir es uns hier versagen, ein dahin gehöriges Beispiel vollständig durchzuführen; es mag genügen, einzelne Punkte hervorgehoben zu haben.

1. Der Ausdruck für das Quadrat der Entfernung zweier Punkte $P(x,y)$, $P_0(x_0, y_0)$

$$R^2 = (x - x_0)^2 + (y - y_0)^2$$

nimmt durch Einführung parabolischer Koordinaten mittels 1a) und der entsprechenden Formeln für x_0 und y_0 mehrere bemerkenswerte Formen an. Diese sind

$$13)\quad R^2 = \frac{1}{c^2}\left[(\xi + \xi_0)^2 + (\eta + \eta_0)^2\right]\left[(\xi - \xi_0)^2 + (\eta - \eta_0)^2\right]$$
$$= \frac{1}{c^2}\left[(\xi^2 + \eta^2 + \xi_0^2 + \eta_0^2)^2 - (2\,\xi\,\xi_0 + 2\,\eta\,\eta_0)^2\right]$$
$$= \frac{1}{c^2}\left[(\xi^2 + \eta^2 - \xi_0^2 - \eta_0^2)^2 + (2\,\xi\eta_0 - 2\,\xi_0\eta)^2\right],$$

von denen bald die eine, bald die andere Verwendung findet.

2. Aus 1a) folgt durch partielle Differentiation

$$\frac{\delta x}{\delta \xi} = \frac{2\xi}{c}, \quad \frac{\delta x}{\delta \eta} = -\frac{2\eta}{c}; \qquad \frac{\delta y}{\delta \xi} = \frac{2\eta}{c}, \quad \frac{\delta y}{\delta \eta} = \frac{2\xi}{c}.$$

Daher ergiebt sich

$$\frac{\delta x}{\delta \xi}\,\frac{\delta x}{\delta \eta} + \frac{\delta y}{\delta \xi}\,\frac{\delta y}{\delta \eta} = 0;$$

dies ist der analytische Ausdruck für die Orthogonalität der beiden Parabelscharen. Weiter erhalten wir für ein Bogendifferential auf einer ξ- bez. η-Parabel

$$14)\quad d\,s_\xi^2 = \left[\left(\frac{\delta x}{\delta \eta}\right)^2 + \left(\frac{\delta y}{\delta \eta}\right)^2\right] d\eta^2 = \frac{4}{c^2}\,(\xi^2 + \eta^2)\,d\eta^2;$$
$$d\,s_\eta^2 = \left[\left(\frac{\delta x}{\delta \xi}\right)^2 + \left(\frac{\delta y}{\delta \xi}\right)^2\right] d\,\xi^2 = \frac{4}{c^2}\,(\xi^2 + \eta^2)\,d\,\xi^2.$$

Da die Parabeln sich unter rechten Winkeln schneiden, so ist das Quadrat eines beliebigen Bogendifferentiales

$$14a)\qquad ds^2 = ds_\xi^2 + ds_\eta^2 = \frac{4}{c^2}\,(\xi^2 + \eta^2)\,(d\xi^2 + d\eta^2)$$

und das Flächendifferential

$$14b)\qquad df = ds_\xi \,.\, ds_\eta = \frac{4}{c^2}\,(\xi^2 + \eta^2)\,d\xi\,d\eta.$$

Demnach erhalten wir für die Länge s des Bogens $P_0 P_1$ (Fig. 7) einer Parabel $\xi = \xi_0$, welcher durch die konfokalen Parabeln $\eta = \eta_0$ und $\eta = \eta_1$ herausgeschnitten wird, das einfache Integral

$$s = \frac{2}{c}\int_{\eta_0}^{\eta_1} \sqrt{\xi_0^2 + \eta^2}\, d\eta = \frac{\xi_0^2}{c}\Big|\, u + \text{Sin}\, u\, \text{Cos}\, u \Big|_{u_0}^{u_1}, \quad \eta = \xi_0 \cdot \text{Sin}\, u,$$

14c)
$$s = \frac{1}{c}\left(\eta_1 \sqrt{\xi_0^2 + \eta_1^2} - \eta_0 \sqrt{\xi_0^2 + \eta_0^2} + \xi_0^2 \lg \frac{\eta_1 + \sqrt{\xi_0^2 + \eta_1^2}}{\eta_0 + \sqrt{\xi_0^2 + \eta_0^2}}\right).$$

Wurde der Bogen vom Scheitel Q aus gerechnet, für welchen $\eta_0 = 0$ ist, so folgt

14d)
$$s_1 = \frac{1}{c}\left(\eta_1 \sqrt{\xi_0^2 + \eta_1^2} + \xi_0^2 \lg \frac{\eta_1 + \sqrt{\xi_0^2 + \eta_1^2}}{\xi_0}\right).$$

Liegen R_0 und R_1 auf der Parabel $\xi = \xi_1$ und bezeichnen wir den Flächeninhalt des von vier Parabelbogen gebildeten Rechtecks $P_0\, P_1\, R_1\, R_0$ mit F, so liefert die Gleichung 14b)

14e)
$$F = \frac{4}{c^2}\int_{\xi_0}^{\xi_1}\int_{\eta_0}^{\eta_1} (\xi^2 + \eta^2)\, d\xi\, d\eta = \frac{4}{3c^2}\Big[(\xi_1 - \xi_0)(\eta_1^3 - \eta_0^3) + (\xi_1^3 - \xi_0^3)(\eta_1 - \eta_0)\Big].$$

Ist $\xi_0 = \eta_0 = 0$, so ergiebt sich der Flächeninhalt des von der Strecke SS_1 und den Parabelbogen SR_1 und $S_1 R_1$ begrenzten Dreiecks, nämlich

14f)
$$F_1 = \frac{4}{3c^2}\, \xi_1\, \eta_1\, (\xi_1^2 + \eta_1^2).$$

Man bemerke, daß in der Figur $OQ = \xi_0^2 : c$, $OS_0 = \eta_0^2 : c$, $OS = \xi_1^2 : c$, $OS_1 = \eta_1^2 : c$, $OP_1 = (\xi_0^2 + \eta_1^2) : c$, $OR_1 = (\xi_1^2 + \eta_1^2) : c$ und die zur Achse Senkrechte $R_1 T = (2\, \xi_1\, \eta_1) : c$ ist.

3. Der in der mathematischen Physik eine wichtige Rolle spielende Differentialausdruck

$$\Delta u = \frac{\delta^2 u}{\delta x^2} + \frac{\delta^2 u}{\delta y^2}$$

nimmt durch Einführung parabolischer Koordinaten wegen 14a) die Gestalt

15)
$$\frac{4(\xi^2 + \eta^2)}{c^2}\Delta u = \frac{\delta^2 u}{\delta \xi^2} + \frac{\delta^2 u}{\delta \eta^2}$$

an. Da die Integration dieser Differentialgleichung, es mag Δu gleich null oder eine Funktion der Zeit, nämlich $\varkappa \frac{\delta u}{\delta t}$ oder $\varkappa \frac{\delta^2 u}{\delta t^2}$, sein, keine erheblicheren Schwierigkeiten bietet, so erkennen wir, daß die Behandlung von Aufgaben, welche die Verteilung der Elektricität und Wärme in einer parabolischen Platte, sowie die Schwingungserscheinungen einer solchen betreffen, durchführbar ist.

§ 11.

Die logocyklische Kurve. Graphische Darstellung der Logarithmen.

Die logocyklische Kurve[1]), welche auch Kukumaeide, harmonische Kurve und gerade Strophoide genannt wird, ist für uns deshalb von besonderem Interesse, weil sie in Verbindung mit einem System konfokaler Parabeln die geometrische Darstellung der Logarithmen mit Leichtigkeit ermöglicht.

Stellen wir uns die Aufgabe, die Fußpunktkurve einer Parabel für einen in der Achse liegenden Pol P zu bestimmen, so empfiehlt es sich die Scheitelgleichung der Parabel in Anwendung zu bringen. Diese ist nach 7), wenn wir $cp = -2\,\xi_0^2$ setzen, woraus die Lage der Kurve hervorgeht,

$$\frac{1}{\xi^2} - \frac{1}{\eta^2} = \frac{1}{\xi_0^2}.$$

1) Vergl. S. Günther a. a. O. 3. und 5. Kap.

Hat der Punkt P vom Scheitel den Abstand g, so ergiebt sich als Gleichung der Fußpunktlinie

$$16)\quad (\xi^2 + \eta^2)^2 (cg + \xi_0^2 - \xi^2 + \eta^2) = (\xi^2 - \eta^2) [c^2 g^2 - (cg - \xi_0^2)(\xi^2 - \eta^2)].$$

Je nachdem in dieser Gleichung $g = -\xi_0^2 : c$, $g = 0$ oder $g = \xi_0^2 : c$ ist, erhalten wir als Fußpunktkurve der Parabel die Scheiteltangente derselben, eine Cissoide oder die Logocyklik. Die Gleichung dieser ist

$$16a)\quad (\xi^2 + \eta^2)^2 (2\,\xi_0^2 - \xi^2 + \eta^2) = \xi_0^4 (\xi^2 - \eta^2) \text{ oder } \frac{1}{(\xi^2 + \eta^2)^2} + \frac{1}{\xi_0^4} = \frac{2}{\xi_0^2 (\xi^2 - \eta^2)}.$$

Andrerseits werden wir, was der Aufmerksamkeit der Geometer bisher entgangen zu sein scheint, auch durch Inversion auf die logocyklische Kurve geführt. Wird eine gleichseitige Hyperbel von ihrem Mittelpunkte aus durch reciproke Radienvektoren abgebildet, so wird bekanntlich eine Lemniskate erhalten, während die Abbildung von einem der Brennpunkte aus (Seite 16) auf eine kardioidische Kurve führt. Suchen wir das sphärische Spiegelbild der gleichseitigen Hyperbel für den Scheitel als Inversionscentrum, so ergiebt sich, falls die große Achse $a = \xi_0^2 : c = \varkappa$ (vergl. § 9) gesetzt wird, die durch Gleichung 16a) ausgedrückte Logocyklik.

An dritter Stelle endlich zeigt sich der Zusammenhang der logocyklischen Kurve mit einer Schar konfokaler Parabeln bei der Aufgabe: Von einem beliebigen Punkte aus werden an eine Doppelschar konfokaler Parabeln von entgegengesetzter Achsenrichtung Tangenten gelegt; man soll den Ort der Berührungspunkte bestimmen. Sind die Parabeln durch die Gleichungen 8a) gegeben und hat der Punkt die parabolischen Koordinaten ξ_0, η_0, so ist der geometrische Ort der Berührungspunkte eine schiefe Strophoide[1]) mit der Gleichung

$$17)\qquad \xi^2 + \eta^2 = (\xi_0^2 - \eta_0^2)\,\frac{\xi \pm \eta}{\xi \mp \eta} \mp 2\,\xi_0\,\eta_0,$$

in welcher die oberen Vorzeichen oder die unteren zu nehmen sind. Daraus ist zu erkennen, daß die Kurve aus zwei Zweigen besteht, die einander kongruent sind, sobald der Pol (ξ_0, η_0) in die Hauptachse fällt, also entweder $\xi_0 = 0$ oder $\eta_0 = 0$ gesetzt wird. Machen wir $\eta_0 = 0$, so erhalten wir für die beiden Zweige der logocyklischen Kurve die einfachen Gleichungen[2])

$$17a)\qquad \xi^2 + \eta^2 = \xi_0^2\,\frac{\xi + \eta}{\xi - \eta}\quad,\quad \xi^2 + \eta^2 = \xi_0^2\,\frac{\xi - \eta}{\xi + \eta};$$

ihre Übereinstimmung mit 16a) läßt sich mühelos darthun. Dividieren wir die Gleichungen durch c und setzen $\xi_0^2 : c = a$, so folgt mit Rücksicht auf 3b) und 3c) als Polargleichung der Logocyklik

$$17b)\qquad r = a\,.\,\mathrm{tg}\left(45^0 \pm \frac{\varphi}{2}\right) = a\,(\sec\varphi \pm \mathrm{tg}\,\varphi) = a\,.\,e^{\pm u}, \text{ falls } \sec\varphi = \mathfrak{Cof}\,u.$$

Hieraus ergiebt sich, daß das Rechteck aus zwei zu derselben Anomalie gehörenden Fahrstrahlen konstant und zwar gleich dem Quadrate der Entfernung des Poles vom Nullpunkte ist; auch die logocyklische Kurve ist mithin anallagmatisch. Außerdem geben diese Formeln eine überaus leichte Konstruktion der einzelnen Punkte der Kurve (Fig. 8. NPS_2 OS_2 M) an die Hand.

Wir wenden uns nun zu der ursprünglichen Schar konfokaler Parabeln, deren gemeinsame

---

[1]) Diese bildet auch dann noch den geometrischen Ort, wenn statt der Parabeln beliebige konfokale Kegelschnitte genommen werden. Vergl. S. Günther a. a. O. S. 33.

[2]) Wird die Hauptachse des parabolischen Koordinatensystems um 90° gedreht, so lauten die Gleichungen der Logocyklik noch einfacher folgendermaßen: $\xi^2 + \eta^2 = \xi_0^2\,\frac{\xi}{\eta}$ und $\xi^2 + \eta^2 = \xi_0^2 . \frac{\eta}{\xi}$.

Achse die Hauptachse ist. Die parabolische Entfernung eines Punktes R_1 $(\xi_1\ \eta_1)$ von der ξ-Achse, d. h. die Länge s_1 des Bogens $R_1 S$ der durch R_1 gehenden Parabel $\xi = \xi_1$ war nach 14d)

$$18)\qquad s_1 = a_1 + b_1 \quad , \quad a_1 = \frac{\eta_1}{c}\sqrt{\xi_1^2 + \eta_1^2} \quad , \quad b_1 = \frac{\xi_1^2}{c}\lg\frac{\eta_1 + \sqrt{\xi_1^2 + \eta_1^2}}{\xi_1}.$$

Es handelt sich zunächst um die geometrische Deutung dieses Ausdrucks. Legen wir in R_1 die Tangente an die Parabel, welche die Scheiteltangente derselben in V_1 und die Hauptachse in U_1 schneidet, so ist $OR_1 = OU_1$, $V_1 R_1 = V_1 U_1$ und daher $R_1 V_1 = a_1$. Zur Darstellung von b_1 konstruieren wir eine logocyklische Kurve, deren Pol S_2 auf der Hauptachse liegt und von O um $a = \xi_0^2 : c = 1$ entfernt ist. Die Verlängerung von OV_1 schneidet nach 17a) oder 17b) die Kurve in P so, daß $OP = r = (\eta_1 + \sqrt{\xi_1^2 + \eta_1^2}) : \xi_1$ ist, da ja $OS = \xi_1^2 : c$, $OS_1 = \eta_1^2 : c$, $SV_1 = \xi_1\, \eta_1 : c$, $OV_1 = \xi_1 \sqrt{\xi_1^2 + \eta_1^2} : c$. Mithin ist der zweite Posten von s_1

$$b_1 = \frac{\xi_1^2}{c} \cdot {}^{e}\log r = {}^{n}\log r, \text{ falls } \frac{\xi_1^2}{c} = {}^{n}\log e = \frac{1}{{}^{e}\log n}$$

der Modul des Logarithmensystems zur Basis n ist. Also hat man die Gleichung

$$18a)\qquad {}^{n}\log r = s_1 - a_1.$$

Ist im besonderen Falle $\xi_1^2 : c = 1$, so geht die Parabel (Einheitsparabel) durch den Pol der Logocyklik und es treten Vereinfachungen ein. In diesem Falle hat man für den Bogen $R_2 S_2 = s_2$

$$18b)\qquad s_2 = a_2 + b_2;\ a_2 = R_2 V_2,\ b_2 = {}^{e}\log r, \text{ d. h. } {}^{e}\log r = s_2 - a_2.$$

Hieraus ergiebt sich für die graphische Darstellung des reellen Logarithmus einer Zahl r zu einer Basis n folgende zuerst von James Booth[1]) gegebene Vorschrift. Man zeichne in das System der ξ-Parabeln eine logocyklische Kurve, deren Pol S_2 vom Nullpunkte O um die Längeneinheit[2]) entfernt ist und deren Achse in die ξ-Achse fällt, darauf schlage man mit Radien, deren Länge n und r Einheiten beträgt, um O Kreise, welche die Logocyklik in Q und P schneiden. Vom Schnittpunkt V_3 des Fahrstrahles OQ mit der Scheiteltangente $S_2 V_3$ der Einheitsparabel aus lege man die zweite Tangente $V_3 R_3$ an die Parabel, trage den rektificierten Parabelbogen $R_3 S_2$ auf $R_3 V_3$ bis L_3 ab' und stelle sich eine Strecke dar, deren Maßzahl zu der von $V_3 L_3$ reciprok ist. Dies geschieht am einfachsten dadurch, daß man $V_3 L_3$ als Radiusvektor OM in die Logocyklik einträgt und den Schnittpunkt K mit dem zweiten Kurvenzweige auffucht. Den Fahrstrahl OK dieses Punktes trage man von O aus auf OS_2 bis S ab, ziehe zu der damit bezeichneten ξ-Parabel die Scheiteltangente, welche OP in V_1 trifft. Von V_1 aus endlich lege man die zweite Tangente $V_1 R_1$ an die Parabel und schneide den rektificierten Parabelbogen $R_1 S$ von R_1 aus auf $R_1 V_1$ bis L_1 ab. Dann ist die Maßzahl der Strecke $V_1 L_1$ der verlangte ${}^{n}\log r$. — War $n = e$, so vereinfacht sich die Konstruktion wesentlich. Da jetzt $\xi_1^2 : c = {}^{e}\log e = 1$ ist, so fällt die Hilfsparabel

[1]) J. Booth. 1) A memoir on the trigonometry of the parabola and the geometrical origin of logarithms etc. London, 1856.
2) A treatise on some new geometrical methods etc. London, 1873.
S. S. Günther. a. a. O. S. 32.

[2]) In Fig. 8 ist der besseren Übersichtlichkeit halber die Längeneinheit gleich 30 mm angenommen worden. Die Punkte Q, V_3, R_3, L_3 sind daher in der Figur nicht vorhanden, indessen wurde die entsprechende Konstruktion in den Punkten N, V, R, L durchgeführt. Die Länge von $V_3 L_3$ übrigens hat man in OM und ihre Reciproke in OK.

mit der Einheitsparabel zusammen. OP schneidet deren Scheiteltangente in V_2 und es ist die Maßzahl von $V_2 L_2 = \widehat{R_2 S_2} - \overline{R_2 V_2}$ gleich ${}^e\log r$.

Handelt es sich um die Darstellung des Logarithmus einer Zahl r in allen möglichen Logarithmensystemen, so wird man offenbar von der Darstellung $V_2 L_2$ des Logarithmus dieser Zahl im natürlichen System ausgehen. Dann lassen sich die Logarithmen von r in den übrigen Systemen durch einfache Parallelenkonstruktion finden. Es ist nämlich, da O Ähnlichkeitspunkt der konfokalen Parabeln ist, $V_1 L_1 : V_2 L_2 = OV_1 : OV_2 = OS : OS_2 = OS : 1$, also $V_1 L_1 = OS . V_2 L_2$ oder ${}^n\log r = \frac{\xi_1^2}{c} \cdot {}^e\log r$. Man hat also L_2 mit O zu verbinden und zu $V_2 L_2$ parallele Linien, z. B. $V_1 L_1$ zu ziehen, um log r in den verschiedenen Systemen zu erhalten.

Handelt es sich dagegen um die Darstellung der Logarithmen aller Zahlen in einem und demselben Logarithmensystem, so genügt ebenfalls eine Parabel. Ist das System das natürliche, so ist die entsprechende Parabel die Einheitsparabel. Hier bildet die Folge der Punkte $L, L_2, L_3 \ldots$, deren Konstruktion aus dem Obigen erhellt, die Evolvente der Parabel und es entsprechen deren von der Scheiteltangente der Parabel begrenzte Normalenabschnitte $VL, V_2 L_2, V_3 L_3 \ldots$ den Logarithmen der Zahlen im natürlichen System.

II.

Die parabolischen Koordinaten im Raum.

§ 12.

Das Rotationsparaboloid erster Art.

Bei der Behandlung von Aufgaben, welche das Rotationsparaboloid und verwandte Körper betreffen, ist es zweckmäßig Koordinaten anzuwenden, die sich aus den im vorigen Kapitel betrachteten in einfacher Weise ableiten lassen. Da es jedoch nicht gleichgültig ist, ob die das Paraboloid erzeugende Parabel sich um die Hauptachse oder um die im Nullpunkte auf ihr errichtete Senkrechte dreht, so empfiehlt es sich, ein Rotationsparaboloid erster Art und ein solches zweiter Art zu unterscheiden. Zunächst beschäftigen wir uns mit dem Rotationsparaboloid erster Art, welches durch Umdrehung der Parabel um die Hauptachse entsteht.

Wir hatten früher gesehen, daß ein Punkt der Halbebene $(x, +y)$ vollständig und eindeutig durch den Schnitt zweier Halbparabeln, von denen die eine der Schar ξ, die andere der Schar η angehört, bestimmt ist. Dabei waren sowohl die Werte von ξ als auch diejenigen von η positiv und variierten zwischen O und ∞. Denken wir uns jetzt die Halbebene mit ihren Parabelscharen als Meridianebene und drehen dieselbe um die x- oder ξ-Achse, bis sie wieder ihre ursprüngliche Lage einnimmt, so erhalten wir zwei Systeme von orthogonalen Rotationsparaboloiden. Bezeichnen wir daher mit φ den Winkel, um welchen die ursprüngliche Halbebene gedreht werden muß, bis ein im Raume gegebener Punkt P in dieselbe falle, so ist klar, daß jeder Punkt des Raumes eindeutig durch die Koordinaten ξ, η, φ bestimmt ist. Um alle Punkte des Raumes zu erhalten, muß man ξ von O bis ∞, η von O bis ∞, φ von 0^0 bis 360^0 variieren lassen.

Die Koordinaten ξ, η, φ des Punktes P sind die Parameter der drei sich in diesem Punkte unter rechten Winkeln schneidenden Flächen, deren Gleichungen sich ohne Mühe aus den Formeln

19) $$x = \frac{\xi^2 - \eta^2}{c}, \quad y = \frac{2\xi\eta}{c}\cos\varphi, \quad z = \frac{2\xi\eta}{c}\sin\varphi,$$

welche den Zusammenhang der Cartesischen Koordinaten mit den parabolischen andeuten durch Elimination je zweier der Größen ξ, η, φ ergeben. Wie früher bedeutet auch hier c eine willkürliche konstante Strecke, deren Länge auch, ohne der Allgemeinheit zu schaden, als Einheit gewählt werden kann. Man erhält die Gleichungen

19a) $$y^2 + z^2 = -4\frac{\xi^2}{c}x + 4\left(\frac{\xi^2}{c}\right)^2, \quad y^2 + z^2 = 4\frac{\eta^2}{c}x + 4\left(\frac{\eta^2}{c}\right)^2, \quad y\sin\varphi - z\cos\varphi = 0,$$

von denen die beiden ersten Rotationsparaboloide mit gemeinsamem Brennpunkt und derselben Achse, die letzte deren Meridianebenen vorstellt. Die Paraboloide mit dem Parameter ξ haben ihre Scheitel (Fig. 9), falls c einen positiven Wert hat, sämtlich auf der ξ-Achse d. h. der positiven Hälfte der x-Achse in der Entfernung $\xi^2 : c$ vom Nullpunkte, während die Scheitel der η-Paraboloide sämtlich auf der η-Achse d. h. der negativen Hälfte der x-Achse in der Entfernung $\eta^2 : c$ liegen. Für $\xi = 0$ geht die ξ-Fläche in die η-Achse, für $\eta = 0$ die η-Fläche in die ξ-Achse über. Bedeuten ξ_0, η_0, φ_0 konstante Größen, so lauten die Gleichungen der drei Flächen in parabolischen Koordinaten

19b) $$\xi = \xi_0, \qquad \eta = \eta_0, \qquad \varphi = \varphi_0,$$

und es ist klar, daß ein Punkt P (ξ, η, φ) innerhalb, in der Oberfläche oder außerhalb des Umdrehungsparaboloides $\xi = \xi_0$ liegt, je nachdem $\xi \lesseqgtr \xi_0$ ist. Die parabolischen Koordinaten werden in Cartesischen durch die Formeln

19c) $$\xi^2 = \frac{c}{2}(\sqrt{x^2 + y^2 + z^2} + x), \quad \eta^2 = \frac{c}{2}(\sqrt{x^2 + y^2 + z^2} - x), \quad \varphi = \operatorname{arc\,tg}\frac{z}{y}$$

ausgedrückt, wobei sämtliche Wurzeln mit positiven Vorzeichen zu nehmen sind.

Der nach dem Punkte P (ξ, η, φ) gezogene Radiusvektor hat die Länge

20) $$r = \sqrt{x^2 + y^2 + z^2} = \frac{\xi^2 + \eta^2}{c}.$$

Dagegen erhalten wir für den Abstand R dieses Punktes P von einem zweiten Punkte P_0 $(\xi_0, \eta_0, \varphi_0)$

20a) $$R^2 = (x - x_0)^2 + (y - y_0)^2 + (z - z_0)^2$$
$$= \frac{1}{c^2}\left\{(\xi^2 + \eta^2 + \xi_0^2 + \eta_0^2)^2 - (2\eta\eta_0 + 2\xi\xi_0\cos(\varphi - \varphi_0))^2 - (2\xi\xi_0\sin(\varphi - \varphi_0))^2\right\}.$$

Die Entwickelung des reciproken Wertes von R nach Bessel'schen Funktionen habe ich an einer anderen Stelle [1]) gegeben.

Bilden wir aus 19) die Differentialquotienten von x, y, z nach ξ, η, φ, so zeigt die Gleichung

$$\frac{\delta x}{\delta \xi}\frac{\delta x}{\delta \eta} + \frac{\delta y}{\delta \xi}\frac{\delta y}{\delta \eta} + \frac{\delta z}{\delta \xi}\frac{\delta z}{\delta \eta} = 0$$

an, daß die beiden Scharen der Rotationsparaboloide in der That einander senkrecht durchschneiden; dasselbe ist offenbar auch bei den Meridianebenen der Fall. Mithin ergeben sich, wenn wir noch

---

[1]) Programm des Gymnasiums zu Cüstrin. 1881. S. 7 bis 9.

$$21)\quad A=\left(\frac{\partial x}{\partial \xi}\right)^2+\left(\frac{\partial y}{\partial \xi}\right)^2+\left(\frac{\partial z}{\partial \xi}\right)^2,\quad B=\left(\frac{\partial x}{\partial \eta}\right)^2+\left(\frac{\partial y}{\partial \eta}\right)^2+\left(\frac{\partial z}{\partial \eta}\right)^2,$$
$$C=\left(\frac{\partial x}{\partial \varphi}\right)^2+\left(\frac{\partial y}{\partial \varphi}\right)^2+\left(\frac{\partial z}{\partial \varphi}\right)^2,\quad D=\sqrt{ABC}$$

setzen, für die Wegelemente auf den drei Flächen die Ausdrücke

$$21\mathrm{a})\quad dw_\xi=\sqrt{A}\,.\,d\xi \qquad dw_\eta=\sqrt{B}\,.\,d\eta \qquad dw_\varphi=\sqrt{C}\,.\,d\varphi$$
$$=\frac{2}{c}\sqrt{\xi^2+\eta^2}\,.\,d\xi, \qquad =\frac{2}{c}\sqrt{\xi^2+\eta^2}\,.\,d\eta, \qquad =\frac{2\,\xi\,\eta}{c}d\varphi,$$

und daher ist das Quadrat des Linienelements

$$21\mathrm{b})\quad dw^2=dx^2+dy^2+dz^2=dw_\xi^2+dw_\eta^2+dw_\varphi^2$$
$$=\frac{4}{c^2}\left[(\xi^2+\eta^2)\,d\xi^2+(\xi^2+\eta^2)\,d\eta^2+\xi^2\eta^2 d\varphi^2\right].$$

Weiter sind die Flächenelemente in den drei Flächen

$$21\mathrm{c})\quad df_\xi=dw_\eta\,.\,dw_\varphi \qquad df_\eta=dw_\xi\,.\,dw_\varphi \qquad df_\varphi=dw_\xi\,.\,dw_\eta$$
$$=\frac{4}{c^2}\xi\eta\sqrt{\xi^2+\eta^2}\,d\eta\,d\varphi,\quad =\frac{4}{c^2}\xi\eta\sqrt{\xi^2+\eta^2}\,d\xi\,d\varphi,\quad =\frac{4}{c^2}(\xi^2+\eta^2)\,d\xi\,d\eta$$

und endlich das Raumelement

$$21\mathrm{d})\quad dv=dw_\xi\,.\,dw_\eta\,.\,dw_\varphi=\frac{8}{c^3}\xi\eta(\xi^2+\eta^2)\,d\xi\,d\eta\,d\varphi.$$

Um ein Beispiel zu machen, berechnen wir den Inhalt V und die Oberfläche F des von den Paraboloiden $\xi=\xi_0$ und $\eta=\eta_0$ begrenzten Körpers. Wir erhalten

$$22)\quad F=F_\xi+F_\eta=\frac{4}{c^2}\int_0^{\eta_0}\int_0^{2\pi}\xi_0\,\eta\sqrt{\xi_0^2+\eta^2}\,d\eta\,d\varphi+\frac{4}{c^2}\int_0^{\xi_0}\int_0^{2\pi}\xi\eta_0\sqrt{\xi^2+\eta_0^2}\,d\xi\,d\eta$$
$$=\frac{8\pi}{3c^2}\left[(\xi_0+\eta_0)\sqrt{\xi_0^2+\eta_0^2}^{\,3}-(\xi_0^4+\eta_0^4)\right],$$

$$22\mathrm{a})\quad V=\frac{8}{c^3}\int_0^{\xi_0}\int_0^{\eta_0}\int_0^{2\pi}\xi\eta(\xi^2+\eta^2)\,d\xi\,d\eta\,d\varphi=\frac{2\pi}{c^3}\xi_0^2\,\eta_0^2\,(\xi_0^2+\eta_0^2).$$

Für die geometrische Deutung dieser Ausdrücke ist zu bemerken, daß (Fig. 9) $OA=BC=\xi_0^2:c$, $OB=AC=\eta_0^2:c$, $AB=OP=OQ=(\xi_0^2+\eta_0^2):c$, $OC=(\xi_0^2-\eta_0^2):c$, $CP=CQ=(2\,\xi_0\eta_0):c$ ist. Der in Rede stehende Körper ist auch in physikalischer Hinsicht bemerkenswert. Es werden z. B. Strahlen, welche von O ausgehen und die innere spiegelnde Oberfläche treffen, stets so zurückgeworfen, daß sie nach je zwei Reflexionen immer wieder den Punkt O passieren.

Der Ausdruck

$$23)\quad \Delta u=\frac{\partial^2 u}{\partial x^2}+\frac{\partial^2 u}{\partial y^2}+\frac{\partial^2 u}{\partial z^2}$$

nimmt nach Jacobi[1]) durch Einführung der Parameter ξ,η,φ dreier beliebigen orthogonalen Flächensysteme die Form an

$$23\mathrm{a})\quad D\,.\,\Delta u=\frac{\partial}{\partial \xi}\left(\frac{D}{A}\frac{\partial u}{\partial \xi}\right)+\frac{\partial}{\partial \eta}\left(\frac{D}{B}\frac{\partial u}{\partial \eta}\right)+\frac{\partial}{\partial \varphi}\left(\frac{D}{C}\frac{\partial u}{\partial \varphi}\right).$$

---

[1]) Mathematische Werke. Berlin, 1851. Bd. 2. S. 40.

Sind ξ, η, φ die Koordinaten des Umdrehungsparaboloides, so folgt

$$23\text{b})\ \frac{4}{c^2}(\xi^2+\eta^2)\ \Delta u = \frac{1}{\xi}\frac{\delta}{\delta\xi}\left(\xi\frac{\delta u}{\delta\xi}\right)+\frac{1}{\eta}\frac{\delta}{\delta\eta}\left(\eta\frac{\delta u}{\delta\eta}\right)+\left(\frac{1}{\xi^2}+\frac{1}{\eta^2}\right)\frac{\delta^2 u}{\delta\varphi^2}.$$

Da die Integration dieser partiellen Differentialgleichung, gleichgültig ob Δu null ist oder die erste oder zweite Ableitung der Funktion u nach der Zeit t enthält, auf die Integration gewöhnlicher Differentialgleichungen zurückgeführt werden kann, so sind alle Probleme aus der mathematischen Physik, welche die Lösung dieser Gleichung erfordern, für einen von Rotationsparaboloiden begrenzten Körper lösbar. Ist $\Delta u = 0$, hat man es also mit der Potentialgleichung zu thun, so sind die Funktionen von ξ und η, welche die Lösung vermitteln, nach einer Bemerkung des Herrn Mehler [1]) die Funktionen des Kreiscylinders. Ist aber Δu von Null verschieden und ist $\Delta u = \varkappa\frac{\delta u}{\delta t}$, wie solches z. B. bei der Untersuchung der Wärmebewegung in jenem Körper eintritt, oder $\Delta u = \varkappa\frac{\delta^2 u}{\delta t^2}$, was z. B. bei der Fortpflanzung der Schwingungen in einem kompressibeln elastischen Medium vorkommt, so treten in der Lösung gewisse den Funktionen des parabolischen Cylinders zugeordnete Funktionen auf. Man sehe hierüber die erwähnte Abhandlung des Verfassers.

Wählen wir den gemeinsamen Brennpunkt der Paraboloide zum Transformationscentrum, so erhalten wir durch Inversion drei Systeme von orthogonalen Flächen mit den Parametern ξ_1, η_1, φ_1. Wir setzen Gleichung 11) entsprechend

$$24)\ x_1 = \varkappa^2 c\frac{\xi_1^2-\eta_1^2}{(\xi_1^2+\eta_1^2)^2},\quad y_1 = \varkappa^2 c\frac{2\,\xi_1\,\eta_1}{(\xi_1^2+\eta_1^2)^2}\cos\varphi_1,\quad z_1 = \varkappa^2 c\frac{2\,\xi_1\,\eta_1}{(\xi_1^2+\eta_1^2)^2}\sin\varphi_1.$$

und erhalten als Gleichungen der gesuchten Flächen

$$\left(x_1^2+y_1^2+z_1^2-\frac{\varkappa^2 c}{2\xi_1^2}x_1\right)^2 = \left(\frac{\varkappa^2 c}{2\xi_1^2}\right)^2(x_1^2+y_1^2+z_1^2),$$

$$24\text{a})\ \left(x_1^2+y_1^2+z_1^2+\frac{\varkappa^2 c}{2\eta_1^2}x_1\right)^2 = \left(\frac{\varkappa^2 c}{2\eta_1^2}\right)^2(x_1^2+y_1^2+z_1^2),$$

$$y_1\sin\varphi_1 - z_1\cos\varphi_1 = 0.$$

Die beiden ersten Gleichungen stellen Flächen vor, welche durch Umdrehung von Kardioiden mit gemeinsamem Pol und gemeinsamer Achse um diese Achse entstehen, während die letzte die Gleichung der dazu gehörigen Meridianebenen ist. Diese Flächensysteme bestimmen die Lage eines Punktes im Raume eindeutig, wofern man z. B nur positive Werte der Parameter ξ_1, η_1, φ_1 zulößt. Weil für $\xi_1 = \infty$ die ξ_1-Fläche den Nullpunkt, für $\xi_1 = 0$ aber die negative x_1-Achse, die η_1-Fläche dagegen für $\eta_1 = \infty$ ebenfalls den Nullpunkt und für $\eta_1 = 0$ die positive x_1-Achse vorstellt, so wird man alle Punkte des Raumes erhalten, wenn ξ_1 von ∞ bis 0, η_1 von ∞ bis 0, φ_1 von 0° bis 360° variiert. Auch ist ersichtlich, daß ξ_1 und η_1 stets im Abnehmen begriffen sind, wenn man von einer den Pol näher umschließenden ξ_1- oder η_1-Fläche zu einer ihn weiter umgebenden übergeht.

Die Entfernung R_1 zweier Punkte P_1 und P_0 mit den kardioidischen Koordinaten ξ_1, η_1, φ_1 und ξ_0, η_0, φ_0 ergiebt sich aus der Gleichung

[1]) Programm des Gymnasiums zu Elbing. 1870. S. 2.

25) $$R_1^2 = \frac{\varkappa^4 c^2}{(\xi_1^2 + \eta_1^2)^2 (\xi_0^2 + \eta_0^2)^2} G,$$

$$G = \left\{\left(\xi_1^2 + \eta_1^2 + \xi_0^2 + \eta_0^2\right)^2 - \left(2\,\eta_1\,\eta_0 + 2\,\xi_1\,\xi_0 \cos(\varphi_1 - \varphi_0)\right)^2 - \left(2\,\xi_1\,\xi_0 \sin(\varphi_1 - \varphi_0)\right)^2\right\}.$$

Für die Wegelemente auf den drei Flächen erhalten wir

26) $$dw_{\xi_1} = \frac{2\,\varkappa^2 c}{\sqrt{\xi_1^2 + \eta_1^2}^{\,2}}\, d\xi_1, \quad dw_{\eta_1} = \frac{2\,\varkappa^2 c}{\sqrt{\xi_1^2 + \eta_1^2}^{\,2}}\, d\eta_1, \quad dw_{\varphi_1} = \frac{2\,\varkappa^2 c\, \xi_1\, \eta_1}{(\xi_1^2 + \eta_1^2)^2}\, d\varphi_1,$$

und daher ist das Linienelement

26a) $$dw_1^2 = \frac{4\,\varkappa^4 c^2}{(\xi_1^2 + \eta_1^2)^2}\left\{d\xi_1^2 + d\eta_1^2 + \frac{\xi_1^2\,\eta_1^2}{\xi_1^2 + \eta_1^2}\, d\varphi_1^2\right\}.$$

Ferner sind die Flächenelemente in den drei Flächen

26b) $$df_{\xi_1} = \frac{4\,\varkappa^4 c^2\, \xi_1\, \eta_1}{\sqrt{\xi_1^2 + \eta_1^2}^{\,7}}\, d\eta_1\, d\varphi_1, \quad df_{\eta_1} = \frac{4\,\varkappa^4 c^2\, \xi_1\, \eta_1}{\sqrt{\xi_1^2 + \eta_1^2}^{\,7}}\, d\xi_1\, d\varphi_1,$$

$$df_{\varphi_1} = \frac{4\,\varkappa^4 c^2}{(\xi_1^2 + \eta_1^2)^3}\, d\xi_1\, d\eta_1,$$

und endlich das Raumelement

26c) $$dv_1 = \frac{8\,\varkappa^6 c^3\, \xi_1\, \eta_1}{(\xi_1^2 + \eta_1^2)^5}\, d\xi_1\, d\eta_1\, d\varphi_1.$$

Der Ausdruck Δu_1 nimmt die Form an

27) $$\frac{4\,\varkappa^4 c^2\, \xi_1\, \eta_1}{(\xi_1^2 + \eta_1^2)^5}\, \Delta u_1$$

$$= \frac{\partial}{\partial \xi_1}\left(\frac{\xi_1\, \eta_1}{(\xi_1^2 + \eta_1^2)^3}\, \frac{\partial u_1}{\partial \xi_1}\right) + \frac{\partial}{\partial \eta_1}\left(\frac{\xi_1\, \eta_1}{(\xi_1^2 + \eta_1^2)^3}\, \frac{\partial u_1}{\partial \eta_1}\right) + \frac{1}{\xi_1\, \eta_1\, (\xi_1^2 + \eta_1^2)}\, \frac{\partial^2 u_1}{\partial \varphi_1^2}.$$

Hier ist eine Trennung der Variabeln außer im Falle der Potentialgleichung nicht möglich. Ist $\Delta u = 0$, so kann man $u_1 = (\xi_1^2 + \eta_1^2)\, u_2$ setzen und erhält für u_2 die Gleichung

27a) $$0 = \frac{1}{\xi_1}\frac{\partial}{\partial \xi_1}\left(\xi_1 \frac{\partial u_2}{\partial \xi_1}\right) + \frac{1}{\eta_1}\frac{\partial}{\partial \eta_1}\left(\eta_1 \frac{\partial u_2}{\partial \eta_1}\right) + \left(\frac{1}{\xi_1^2} + \frac{1}{\eta_1^2}\right)\frac{\partial^2 u_2}{\partial \varphi_1^2}.$$

Der durch Rotation der Kardioide um ihre Achse entstehende Körper läßt also nur bei Potentialaufgaben einfache, die Funktionen des Kreiscylinders erfordernde Lösungen zu.

§ 13.

Das Rotationsparaboloid zweiter Art.

Bei dem Rotationsparaboloid zweiter Art, welches durch Umdrehung einer Parabel um die Nebenachse d. h. die im Koordinatenanfang auf der Hauptachse errichtete Senkrechte entsteht, haben wir mehrere Fälle zu unterscheiden. Zunächst ist klar, daß bei der Rotation einer ganzen ξ- oder η-Parabel um diese Achse eine Fläche mit drei Abteilungen (Fig. 10) entsteht, von denen die mittlere, von der Hauptachse geschnittene die Kernfläche heißen möge. Ihre Fortsetzungen über die beiden in der Nebenachse liegenden Spitzen A und A_1 hinaus bilden die beiden andern symmetrisch zur Hauptachse gelegenen Abteilungen der Fläche Es entstehen daher bei der Umdrehung zweier Parabeln Zweideutigkeiten, welche zu beseitigen sind. Deshalb betrachten wir nur die in der einen von der Nebenachse begrenzten Halbebene liegenden Parabelbogen AB, A_1B_1, CDC_1. Dieselben schneiden sich in den Punkten P und P_1. Da nach den früheren Auseinandersetzungen für den Punkt P ξ positiv,

η positiv und $\xi > \eta$, für den Punkt P_1 dagegen ξ positiv, η negativ und ξ größer ist als der absolute Wert von η, so ist ersichtlich, daß die Lage eines Punktes dieser Halbebene eindeutig bestimmt wird, wenn $0 \leqq \xi \leqq \infty$, $-\infty \leqq \eta \leqq +\infty$ und stets $\xi \geqq [\eta]$ ist.

Drehen wir nun die Halbebene um die sie begrenzende Nebenachse, bis sie wieder in ihre ursprüngliche Lage kommt, so beschreibt der Parabelbogen CDC_1 eine Kernfläche d. h. ein Paraboloid mit einem Mantel, während die zusammengehörigen Parabelbogen AB und $A_1 B_1$ ein Paraboloid mit zwei Mänteln erzeugen. Jeder Punkt des Raumes wird demnach als Schnittpunkt einer Kernfläche, einer Fläche mit zwei Mänteln und einer Meridianebene bestimmt sein. Seine Koordinaten sind mithin

$$28)\qquad x = \frac{\xi^2 - \eta^2}{c} \cos\psi, \quad y = \frac{2\,\xi\,\eta}{c}, \quad z = \frac{\xi^2 - \eta^2}{c} \sin\psi,$$

wenn ψ den Winkel bedeutet, den die bewegliche mit der festen Meridianebene bildet. Offenbar ist $0^0 \leqq \psi \leqq 360^0$ und, wie erwähnt, $\xi \geqq [\eta]$. Wollte man $\xi \leqq [\eta]$ setzen, so würde dies andeuten, daß die zweite von der Nebenachse begrenzte Halbebene als feste Meridianebene angesehen werden soll.

Die Gleichungen der drei Flächen sind, wenn die Quadratwurzel positiv genommen wird,

$$28a)\quad y^2 = -4\frac{\xi^2}{c}\sqrt{x^2+z^2} + 4\left(\frac{\xi^2}{c}\right)^2, \quad y^2 = 4\frac{\eta^2}{c}\sqrt{x^2+z^2} + 4\left(\frac{\eta^2}{c}\right)^2, \; x\sin\psi - z\cos\psi = 0.$$

Für die Entfernung zweier Punkte mit den Koordinaten ξ, η, ψ und ξ_0, η_0, ψ_0 erhalten wir

$$29)\qquad R^2 = \frac{1}{c^2}\left\{(\xi^2+\eta^2)^2 + (\xi_0^2+\eta_0^2)^2 - 8\,\xi\,\eta\,\xi_0\,\eta_0 - 2\,(\xi^2-\eta^2)\,(\xi_0^2-\eta_0^2)\cos(\psi-\psi_0)\right\}.$$

Weiter sind die Wegelemente auf den drei Flächen

$$30)\; dw_\xi = \frac{2}{c}\sqrt{\xi^2+\eta^2}\,.\,d\xi, \quad dw_\eta = \frac{2}{c}\sqrt{\xi^2+\eta^2}\,.\,d\eta, \quad dw_\psi = \frac{\xi^2-\eta^2}{c}\,d\psi,$$

und folglich das Quadrat des Linienelements

$$30a)\qquad dw^2 = \frac{4}{c^2}\left\{ \xi^2+\eta^2)\,d\xi^2 + (\xi^2+\eta^2)\,d\eta^2 + \frac{1}{4}(\xi^2-\eta^2)^2\,d\psi^2\right\}.$$

Ferner sind die Flächenelemente der drei Flächen

$$30b)\; df_\xi = \frac{2}{c^2}(\xi^2-\eta^2)\sqrt{\xi^2+\eta^2}\,d\eta\,d\psi, \quad df_\eta = \frac{2}{c^2}(\xi^2-\eta^2)\sqrt{\xi^2+\eta^2}\,d\xi\,d\psi,$$

$$df_\psi = \frac{4}{c^2}(\xi^2+\eta^2)\,d\xi\,d\eta,$$

und endlich das Raumelement

$$30c)\qquad dv = \frac{4}{c^3}(\xi^4-\eta^4)\,d\xi\,d\eta\,d\psi.$$

Die Transformation des Ausdrucks Δu in die neuen Koordinaten liefert

$$31)\quad \frac{4}{c^2}(\xi^4-\eta^4)\,\Delta u = \frac{\partial}{\partial\xi}\left((\xi^2-\eta^2)\frac{\partial u}{\partial\xi}\right) + \frac{\partial}{\partial\eta}\left((\xi^2-\eta^2)\frac{\partial u}{\partial\eta}\right) + 4\,\frac{\xi^2+\eta^2}{\xi^2-\eta^2}\,\frac{\partial^2 u}{\partial\psi^2}.$$

Aus der Form dieser Differentialgleichung ist zu erkennen, daß sich dieselbe allgemein nicht durch Trennung der Variabeln wird integrieren lassen. Versucht man dagegen, die Gleichung durch ein Produkt von drei Faktoren zu integrieren, nämlich einer Funktion von t, das ja in Δu vorkommen kann, einer Funktion von ψ und einer Funktion des zusammengesetzten Arguments $(\xi^2 - \eta^2)$ oder

$(2\xi\eta)$ oder $(\xi^2+\eta^2)$, so zeigt sich, daß die letzte dieser Funktionen die zugeordnete Funktion einer Kreiscylinderfunktion ist. Ein derartiges Integral läßt sich wenigstens bei gewissen Fragen verwerten.

Die Aufgabe der Inversion, welche auf Flächen führt, die durch Rotation der beiden durch die Nebenachse gebildeten Teile der Kardioide um diese Achse entstehen, muß hier übergangen werden.

§ 14.

Der parabolische Cylinder.

In diesem Abschnitt wird die Lage eines Punktes im Raume durch drei Koordinaten ξ, η, ζ bestimmt, welche als Parameter der drei orthogonalen Flächen

32) $$y^2 = -4\frac{\xi^2}{c}x + 4\left(\frac{\xi^2}{c}\right)^2, \quad y^2 = 4\frac{\eta^2}{c}x + 4\left(\frac{\eta^2}{c}\right)^2, \quad z = \zeta$$

angesehen werden können. Die Gleichungen $\xi = \xi_0$ und $\eta = \eta_0$ repräsentieren parabolische Cylinder (Fig. 11), während das Flächensystem $\zeta = \zeta_0$ aus den zur xy-Ebene parallelen Ebenen besteht. Die Bedingungen, welche ξ, η, ζ erfüllen müssen, sind $0 \leqq \xi \leqq \infty$, $-\infty \leqq \eta \leqq +\infty$, $-\infty \leqq \zeta \leqq +\infty$. Den Zusammenhang mit den Cartesischen Koordinaten zeigen die Formeln

32a) $$x = \frac{\xi^2 - \eta^2}{c}, \quad y = \frac{2\xi\eta}{c}, \quad z = \zeta.$$

Demnach erhalten wir die Entfernung R zweier Punkte mit den Koordinaten ξ, η, φ und ξ_0, η_0, φ_0 aus der Gleichung

33) $$R^2 = \frac{1}{c^2}\left\{(\xi^2 + \eta^2 - \xi_0^2 - \eta_0^2)^2 + (2\xi\eta_0 - 2\xi_0\eta)^2 + c^2(\zeta - \zeta_0)^2\right\}.$$

Die Wegelemente auf den drei Flächen sind

34) $$dw_\xi = \frac{2}{c}\sqrt{\xi^2 + \eta^2}\,d\xi, \quad dw_\eta = \frac{2}{c}\sqrt{\xi^2 + \eta^2}\,d\eta, \quad dw_\zeta = d\zeta;$$

folglich ist das Linienelement

34a) $$dw^2 = \frac{4}{c^2}(\xi^2 + \eta^2)\,d\xi^2 + \frac{4}{c^2}(\xi^2 + \eta^2)\,d\eta^2 + d\zeta^2.$$

Für die Flächenelemente in den drei Flächen ergiebt sich

34b) $$df_\xi = \frac{2}{c}\sqrt{\xi^2 + \eta^2}\,d\eta\,d\zeta, \quad df_\eta = \frac{2}{c}\sqrt{\xi^2 + \eta^2}\,d\xi\,d\zeta, \quad df_\zeta = \frac{4}{c^2}(\xi^2 + \eta^2)\,d\xi\,d\eta,$$

und für das Raumelement

34c) $$dv = \frac{4}{c^2}(\xi^2 + \eta^2)\,d\xi\,d\eta\,d\zeta.$$

Die Transformation des Ausdrucks Δu liefert die Differentialgleichung

35) $$\frac{4}{c^2}(\xi^2 + \eta^2)\,\Delta u = \frac{\delta^2 u}{\delta\xi^2} + \frac{\delta^2 u}{\delta\eta^2} + \frac{4}{c^2}(\xi^2 + \eta^2)\frac{\delta^2 u}{\delta\zeta^2}.$$

Demnach sind für einen von parabolischen Cylindern begrenzten Körper nicht nur die Potentialaufgabe sondern auch diejenigen Aufgaben lösbar, in denen Δu eine Funktion der Zeit ist. Die Funktionen von ξ und η, auf welche die Lösung führt, bilden einen Grenzfall der Funktionen des elliptischen Cylinders und sind von mir an anderer Stelle[1]) ausführlicher behandelt worden; neuerdings hat auch Herr Haentzschel[2]) dieselben weiter untersucht.

[1]) Programm des Gymnasiums zu Cüstrin. 1883.

[2]) E. Haentzschel. Über die Differentialgleichung der Funktionen des parabolischen Cylinders. Schlömilch Zeitschrift für Mathematik und Physik 1888. Bd. 33. Heft 1.

Bilden wir das System der drei Flächen vom Nullpunkt aus durch reciproke Radien ab, so haben wir

$$36)\quad x_1 = \varkappa^2 c \frac{\xi_1^2 - \eta_1^2}{(\xi_1^2 + \eta_1^2)^2 + c^2 \zeta_1^2}, \quad y_1 = \varkappa^2 c \frac{2\,\xi_1\,\eta_1}{(\xi_1^2 + \eta_1^2)^2 + c^2 \zeta_1^2},$$

$$z_1 = \varkappa^2 c^2 \frac{\zeta_1}{(\xi_1^2 + \eta_1^2)^2 + c^2 \zeta_1^2}$$

zu setzen und erhalten als Gleichungen der drei inversen Flächen

$$36a)\quad \left(x_1^2 + y_1^2 + z_1^2 - \frac{\varkappa^2 c}{2\,\xi_1^2} x_1\right)^2 = \left(\frac{\varkappa^2 c}{2\,\xi_1^2}\right)^2 (x_1^2 + y_1^2),$$

$$\left(x_1^2 + y_1^2 + z_1^2 + \frac{\varkappa^2 c}{2\eta_1^2} x_1\right)^2 = \left(\frac{\varkappa^2 c}{2\eta_1^2}\right)^2 (x_1^2 + y_1^2), \quad x_1^2 + y_1^2 + z_1^2 = \frac{\varkappa^2}{\zeta_1} \cdot z_1.$$

Die erste dieser Gleichungen stellt für konstante Werte von ξ_1 ein System von in einander geschachtelten wulstförmigen Oberflächen vor, deren gemeinschaftlicher Pol der Koordinatenanfang ist, und deren in der $x_1 y_1$-Ebene liegende Leitlinien aus in einander geschachtelten Kardioiden bestehen. Man kann sich eine dieser Flächen dadurch entstanden denken, daß über den vom Rückkehrpunkte aus gezogenen Sehnen einer Kardioide Kreise errichtet werden, deren Ebenen senkrecht zur Ebene der Kardioide stehen und deren Durchmesser jene Sehnen sind. Die Gesamtheit aller auf diese Weise konstruierten Kreisperipherien bildet den Kardioidenwulst. Die innerste ξ_1-Fläche, welche in einen Punkt, den Pol, zusammenschrumpft, hat den Parameter $\xi_1 = \infty$, während für $\xi_1 = 0$ die äußerste ξ_1-Fläche alle Punkte umfaßt, welche entweder auf der negativen x_1-Achse oder in unendlicher Ferne liegen.

Auch die zweite Gleichung repräsentiert eine Schar von wulstförmigen Oberflächen, die mit den ξ_1-Flächen den Pol gemeinsam haben und deren Leitlinien Kardioiden sind. Indessen liegen die Scheitel sämtlicher η_1-Flächen auf der negativen, die der ξ_1-Flächen auf der positiven x_1-Achse. Für $\eta_1 = \infty$ stellt die η_1-Fläche den Pol vor, und für $\eta_1 = 0$ umfaßt sie alle Punkte, welche entweder in unendlicher Ferne oder auf der positiven x_1-Achse liegen. Auch ist klar, daß ξ_1 und η_1 stets abnehmen, wenn man von einer den Pol näher umschließenden Fläche zu einer ihn weiter umgebenden übergeht.

Endlich stellt die dritte Gleichung ein System von Kugelflächen vor, welche die $x_1 y_1$-Ebene sämtlich im Koordinatenanfang berühren, deren Mittelpunkte also die Punkte der z_1-Achse sind. Die $x_1 y_1$-Ebene selbst wird erhalten, wenn der Parameter $\zeta_1 = 0$ ist, während für $\zeta_1 = \pm \infty$ die Kugeln unendlich klein werden und als Punkte anzusehen sind, die mit dem Pol zusammenfallen.

Hieraus ergiebt sich mit Rücksicht auf die früher erwähnte Bedeutung negativer Werte von η_1, daß die Größen ξ_1, η_1, ζ_1 unter den Bedingungen $0 \leqq \xi_1 \leqq \infty$, $-\infty \leqq \eta_1 \leqq +\infty$, $-\infty \leqq \zeta_1 \leqq +\infty$ die eindeutige Bestimmung eines Punktes P_1 im Raume ermöglichen.

In den neuen Koordinaten drückt sich die Entfernung zweier Punkte $P_1(\xi_1, \eta_1, \zeta_1)$ und $P_0(\xi_0, \eta_0, \zeta_0)$ folgendermaßen aus:

$$37)\quad R_1^2 = \frac{\varkappa^4 c^2}{\rho_1 \rho_0} \left\{ (\xi_1^2 + \eta_1^2 - \xi_0^2 - \eta_0^2)^2 + (2\,\xi_1\,\eta_0 - 2\,\xi_0\,\eta_1)^2 + c^2 (\zeta_1 - \zeta_0)^2 \right\},$$

$$\rho_1 = (\xi_1^2 + \eta_1^2)^2 + c^2 \zeta_1^2, \quad \rho_0 = (\xi_0^2 + \eta_0^2)^2 + c^2 \zeta_0^2.$$

Die Wegelemente in den drei Flächen sind

$$38)\ dw_{\xi_1} = \frac{2\varkappa^2 c}{\rho_1}\sqrt{\xi_1^2 + \eta_1^2}\, d\xi_1, \quad dw_{\eta_1} = \frac{2\varkappa^2 c}{\rho_1}\sqrt{\xi_1^2 + \eta_1^2}\, d\eta_1, \quad dw_{\zeta_1} = \frac{\varkappa^2 c^2}{\rho_1} d\zeta_1.$$

Also erhalten wir für das Quadrat des Linienelementes

$$38a)\ dw^2 = \frac{4\varkappa^4 c^2}{\rho_1^2}\left\{(\xi_1^2 + \eta_1^2)\, d\xi_1^2 + (\xi_1^2 + \eta_1^2)\, d\eta_1^2 + \left(\frac{c}{2}\right)^2 d\zeta_1^2\right\},$$

für die Flächenelemente

$$38b)\ df_{\xi_1} = \frac{2\varkappa^4 c^3}{\rho_1^2}\sqrt{\xi_1^2 + \eta_1^2}\, d\eta_1\, d\zeta_1, \quad df_{\eta_1} = \frac{2\varkappa^4 c^3}{\rho_1^2}\sqrt{\xi_1^2 + \eta_1^2}\, d\xi_1\, d\zeta_1,$$

$$df_{\zeta_1} = \frac{4\varkappa^4 c^2}{\rho_1^2}(\xi_1^2 + \eta_1^2)\, d\xi_1\, d\eta_1$$

und für das Raumelement

$$38c)\qquad dv = \frac{4\varkappa^6 c^4}{\rho_1^3}(\xi_1^2 + \eta_1^2)\, d\xi_1\, d\eta_1\, d\zeta_1.$$

Berechnen wir z. B. die Oberfläche F und den Inhalt V eines Kardioidenwulstes, dessen Gleichung $\xi_1 = \xi_0$ ist, so erhalten wir

$$39)\ F = 2\varkappa^4 c^3 \int_{-\infty}^{\infty}\int_{-\infty}^{\infty} \frac{\sqrt{\xi_0^2 + \eta_1^2}}{[(\xi_0^2 + \eta_1^2)^2 + c^2\zeta_1^2]^2}\, d\eta_1\, d\zeta_1 = \frac{4}{3}\left(\frac{\varkappa^2 c}{\xi_0^2}\right)^2 \pi = \frac{4}{3} d^2\pi,$$

$$39a)\ V = 4\varkappa^6 c^4 \int_{\xi_0}^{\infty}\int_{-\infty}^{\infty}\int_{-\infty}^{\infty} \frac{\xi_1^2 + \eta_1^2}{[(\xi_1^2 + \eta_1^2)^2 + c^2\zeta_1^2]^3}\, d\xi_1\, d\eta_1\, d\zeta_1 = \frac{5}{64}\left(\frac{\varkappa^2 c}{\xi_0^2}\right)^3 \pi^2 = \frac{5}{64} d^3\pi^2.$$

Dabei bedeutet d dasjenige Stück der x_1-Achse, welches innerhalb des Körpers liegt, oder mit anderen Worten den Durchmesser der größten dem Körper einbeschriebenen Kugel.

Die Einführung der neuen Koordinaten in den Ausdruck Δu_1 liefert die Relation

$$40)\quad \frac{4\varkappa^4 c^2(\xi_1^2 + \eta_1^2)}{\rho_1^3}\Delta u_1 = \frac{\partial}{\partial\xi_1}\left(\frac{1}{\rho_1}\frac{\partial u_1}{\partial\xi_1}\right) + \frac{\partial}{\partial\eta_1}\left(\frac{1}{\rho_1}\frac{\partial u_1}{\partial\eta_1}\right) + \frac{4}{c^2}(\xi_1^2 + \eta_1^2)\frac{\partial}{\partial\zeta_1}\left(\frac{1}{\rho_1}\frac{\partial u}{\partial\zeta_1}\right)$$

oder, wenn $u_1 = \sqrt{\rho_1}\cdot u_2$ gesetzt wird,

$$40a)\quad \frac{4\varkappa^4 c^2(\xi_1^2 + \eta_1^2)}{\rho_1^2}\Delta u_2 = \frac{\partial^2 u_2}{\partial\xi_1^2} + \frac{\partial^2 u_2}{\partial\eta_1^2} + \frac{4}{c^2}(\xi_1^2 + \eta_1^2)\frac{\partial^2 u_2}{\partial\zeta_1^2}.$$

Daraus ist zu erkennen, daß bei einem Kardioidenwulst nur die Potentialaufgabe auf die mehrfach angegebene Weise sich lösen läßt.

§ 15.

Der parabolische Kegel.

Bei dem Versuch, die parabolischen Koordinaten der Ebene auf die Oberfläche einer Kugel mit dem Radius r zu übertragen, stellt sich uns die Schwierigkeit entgegen, ein passendes sphärisches Analogon für die ebene Parabel zu finden. Nun kann die ebene Parabel als Grenzfall einer Ellipse und Hyperbel angesehen werden, wofern man entweder einen Scheitel oder einen Brennpunkt festhält und den Mittelpunkt oder den zweiten Brennpunkt oder den zweiten Scheitel ins Unendliche rücken läßt. Diese verschiedenen Fälle geben in der Ebene dasselbe Resultat, im Raume indessen, wo wir es mit den Durchschnitten eines Kegels zweiter Ordnung mit der Oberfläche einer Kugel, deren

Centrum die Spitze des Kegels ist, zu thun haben, kann eine solche Uebereinstimmung nicht stattfinden. Hier kann die „sphärische Parabel" und der „parabolische Kegel" in verschiedener Weise definiert werden.

Im allgemeinen ist zu bemerken, daß, da es nur eine Art des Kegels zweiter Ordnung giebt, die elliptischen, hyperbolischen und parabolischen Kegel nicht verschieden sein können. Will man dennoch die Schnittkurven eines Kegels zweiter Ordnung mit einer Kugel als sphärische Ellipse, sphärische Hyperbel und sphärische Parabel unterscheiden, so kann dies nur eine Verschiedenheit in der Betrachtungsweise oder einen bemerkenswerten Specialfall bedeuten.

Plücker[1]) bezeichnet als parabolischen Kegel einen solchen, bei dem die „charakteristischen Schnitte" d. h. die Schnitte der zu den Fokallinien senkrechten Ebenen mit der Kegelfläche Parabeln sind. Wäre also die z-Achse (Fig. 12) die eine Fokallinie des Kegels, so müßte der nicht benachbarte Scheitel des auf der Kugel r erzeugten Kegelschnitts z. B. ein Punkt der x-Achse sein. Leider aber sind die beiden Kegel zweiter Ordnung, auf welche man so geführt wird, nicht orthogonal. Die Bedingung der Orthogonalität aber darf man nicht fallen lassen, wenn brauchbare Resultate erzielt werden sollen.

Daraus geht hervor, daß der Winkel der Fokallinien eine konstante Größe haben muß. Ist diese Größe willkürlich, so ergiebt sich die gewöhnliche Form der elliptischen Kugelkoordinaten[2]) Wäre aber jener Winkel 180°, ein Fall, der dem unendlich fernen Mittelpunkte der ebenen Ellipse entspricht, so würde man, ebenso wie in dem andern Falle, wo der Winkel 0° ist, die Polarkoordinaten des Raumes erhalten Es bleibt also nur übrig anzunehmen, daß der Winkel der Fokallinien 90° beträgt. Ist die z-Achse die eine Fokallinie, so fällt die andere in die x-Achse. Dies entspricht auch vollkommen den Entwickelungen des § 2, nach welchen die Excentricität der Ellipse im Grenzfalle einen unendlich großen Wert erlangt. Die so definierte sphärische Parabel ist übrigens der geometrische Ort für alle diejenigen Punkte P (Fig. 12) auf der Oberfläche einer Kugel, deren sphärische Entfernung von einem als Richtlinie gegebenen kleinen Kugelkreise DE gleich ist ihrer sphärischen Entfernung von einem gegebenen Punkte Z. Ist die Breite $Z\hat{O}D$ des Kugelkreises gleich ξ, $P\hat{O}X = \varphi$ und $Q\hat{O}Y = \vartheta$, so ergiebt sich aus dem sphärischen Dreieck PQZ

$$\sin(\varphi + \xi) = \sin\varphi \cdot \sin\vartheta,$$

oder, wenn man φ und ϑ mittels der Gleichungen

$$x = r\cos\varphi,\ y = r\sin\varphi\cos\vartheta,\ z = r\sin\varphi\sin\vartheta$$

eliminiert,

$$41)\qquad x^2 + z^2 - y^2 \operatorname{ctg}^2\xi - \frac{2xz}{\sin\xi} = 0.$$

[1]) J. Plücker. Analytisch-geometrische Entwicklungen Essen. 1828.

[2]) Die gewöhnliche Form der elliptischen Kugelkoordinaten geben die Gleichungen

$$x = \frac{\mu\nu}{bc}r,\quad y = \frac{\sqrt{\mu^2 - b^2}\sqrt{b^2 - \nu^2}}{b\sqrt{c^2 - b^2}}r,\quad z = \frac{\sqrt{c^2 - \mu^2}\sqrt{c^2 - \nu^2}}{c\sqrt{c^2 - b^2}}r.$$

Herr Hutt hat dieselben, indem er

$$\mu = a\sin\sigma,\ \nu = a\sin\delta,\ b = a\sin s,\ c = a$$

setzte, wesentlich vereinfacht. Vergl. E. Hutt. Eine neue Form der elliptischen Kugelkoordinaten. Programm der Friedrich-Werderschen Gewerbeschule zu Berlin. 1872.

Die parabolischen Kugelkoordinaten lassen sich natürlich hieraus durch eine einfache Betrachtung ableiten.

Dies ist für konstante Werte von ξ die Gleichung eines Kegels zweiter Ordnung, dessen Fokallinien die x- und z-Achse sind und dessen Erzeugende in der xz Ebene mit jenen Achsen den Winkel $\frac{1}{2}\xi$ bilden. Für den sphärischen Kegelschnitt ist also $\frac{1}{2}\xi$ der Abstand des Scheitels S vom Brennpunkt Z, $90^0 + \xi$ die Länge der ganzen großen Achse und 90^0 die Excentricität.

Eine entsprechende Betrachtung liefert als Gleichung eines anderen parabolischen Kegels

$$41a) \qquad x^2 + z^2 - y^2 \operatorname{ctg}^2\eta + \frac{2xz}{\sin\eta} = 0.$$

Beide Gleichungen stellen mit der Kugelgleichung

$$41b) \qquad x^2 + y^2 + z^2 = r^2$$

ein System von drei Flächenscharen vor, welche sich sämtlich unter rechten Winkeln schneiden Lösen wir nämlich die Gleichungen 41) nach x, y, z, so erhalten wir

$$42) \qquad x = r \sin\frac{1}{2}(\xi - \eta),\ y = r\sqrt{\sin\xi \sin\eta},\ z = r\cos\frac{1}{2}(\xi + \eta),$$

und dann zeigt sich, daß

$$\frac{\partial x}{\partial\xi}\frac{\partial x}{\partial\eta} + \frac{\partial y}{\partial\xi}\frac{\partial y}{\partial\eta} + \frac{\partial z}{\partial\xi}\frac{\partial z}{\partial\eta} = 0$$

ist. Die beiden konfokalen Kegelscharen sind also orthogonal; daß sie auch von der Schar koncentrischer Kugeln unter rechten Winkeln geschnitten werden, ist selbstredend.

Nimmt r die Werte von 0 bis ∞ an, so stellen r, ξ η ein Koordinatensystem im Raume, bei konstantem r demnach ξ, η ein Koordinatensystem auf der Kugeloberfläche vor. Beschränken wir uns zunächst auf die auf der positiven Seite der xz-Ebene liegende Halbkugel, so ist klar, daß für $\xi = 0^0$ der sphärische Kegelschnitt den Quadranten ZX_1 (Fig. 13), für $\eta = 0^0$ der Kegelschnitt der andern Schar den Quadranten ZX darstellt; für $\xi = \eta$ werden die Punkte des Halbkreises ZYZ_1 erhalten. Für $\frac{1}{2}\xi = 45^0$ geht die Kurve in einen größten Kugelkreis über, der durch Y und die Mitte der Bogen ZX und Z_1X_1 geht; entsprechend wird die η-Kurve für $\frac{1}{2}\eta = 45^0$ ein größter Kugelkreis, der durch Y und die Mitte der Bogen ZX_1 und Z_1X geht. Den von 0^0 bis 45^0 zunehmenden Werten der Parameter $\frac{1}{2}\xi$ und $\frac{1}{2}\eta$ entsprechen demnach sphärische Kegelschnitte, die immer mehr wachsen; fahren $\frac{1}{2}\xi$ und $\frac{1}{2}\eta$ fort zuzunehmen, so werden die Kegelschnitte wieder kleiner, bis die ξ-Kurve für $\frac{1}{2}\xi = 90^0$ den Quadranten XZ_1, die η-Kurve für $\frac{1}{2}\eta = 90^0$ den Quadranten X_1Z, als Grenze erreicht.

Dieselben Verhältnisse finden auf der Halbkugel statt, welche auf der negativen Seite der xz-Ebene liegt. Stellen wir uns daher vor, daß für jene Halbkugel die in dem Ausdruck für y vorkommende Quadratwurzel positiv, für diese negativ genommen werde, so ist die Lage eines Punktes auf d.r Kugeloberfläche eindeutig durch seine Koordinaten ξ,η bestimmt, wofern die Parameter den Bedingungen $0^0 \leq \frac{1}{2}\xi \leq 90^0, 0^0 \leq \frac{1}{2}\eta \leq 90^0$ oder, was dasselbe ist, den Bedingungen $0^0 \leq \xi \leq 180^0, 0^0 \leq \eta \leq 180^0$ unterworfen sind. Die erste Form der Bedingungen giebt über die Lage des dem Punkte Z benachbarten Scheitels Ausschluß, die zweiten Bedingungen zeigen an, wie groß die sphärische von Z ausgerechnete Brennpunktsordinate ist. Dabei haben wir stillschweigend vorausgesetzt, daß die Erzeugenden der sphärischen Kegelschnitte nur bis zur gemeinsamen Spitze der Kegel gerechnet werden.

Die neue Form der elliptischen Kugelkoordinaten entspricht, wie man sieht, vollständig den parabolischen Koordinaten der Ebene; sie gehen in diese über, wenn der Radius der Kugel ins Unendliche wächst.

Das Quadrat der Entfernung zweier Punkte mit den Koordinaten r, ξ, η und r_0, ξ_0 η_0 ist

43) $$R^2 = r^2 + r_0{}^2 - 2rr_0 . \cos\gamma,$$

$$\cos\gamma = \cos\frac{1}{2}(\xi-\xi_0)\cos\frac{1}{2}(\eta-\eta_0) - \sin\frac{1}{2}(\xi+\xi_0)\sin\frac{1}{2}(\eta+\eta_0) + \sqrt{\sin\xi\sin\xi_0\sin\eta\sin\eta_0},$$

ein Ausdruck, der offenbar noch weiterer Transformation fähig ist.

Für die Wegelemente auf den drei Flächen erhalten wir

44) $$dw_r = dr,\ dw_\xi = \frac{r}{2}\sqrt{\frac{\sin\xi+\sin\eta}{\sin\xi}}\,d\xi,\ dw_\eta = \frac{r}{2}\sqrt{\frac{\sin\xi+\sin\eta}{\sin\eta}}\,d\eta;$$

folglich ist das Quadrat des Linienelements

44a) $$dw^2 = dr^2 + \frac{r^2}{4}\frac{\sin\xi+\sin\eta}{\sin\xi}d\xi^2 + \frac{r^2}{4}\frac{\sin\xi+\sin\eta}{\sin\eta}d\eta^2.$$

Weiter ergeben sich die drei Flächenelemente

44b) $$df_r = \frac{r^2}{4}\frac{\sin\xi+\sin\eta}{\sqrt{\sin\xi\sin\eta}}d\xi\,d\eta,$$
$$df_\xi = \frac{r}{2}\sqrt{\frac{\sin\xi+\sin\eta}{\sin\eta}}\,dr\,d\eta,$$
$$df_\eta = \frac{r}{2}\sqrt{\frac{\sin\xi+\sin\eta}{\sin\xi}}\,dr\,d\xi,$$

und das Raumelement

44c) $$dv = \frac{r^2}{4}\frac{\sin\xi+\sin\eta}{\sqrt{\sin\xi\sin\eta}}\,dr\,d\xi\,d\eta.$$

Demnach haben wir für den Umfang U des Kegelschnittes, welcher auf der Kugel $r = r_0$ durch den Kegel $\xi = \xi_0$ erzeugt wird, das Integral

45) $$U = 2r_0\int_0^{\frac{\pi}{2}}\sqrt{\frac{\sin\xi_0+\sin\eta}{\sin\eta}}\,d\eta.$$

Dasselbe ist ein vollständiges elliptisches Integral dritter Gattung und läßt sich durch die Substitution

$$\sin\eta = \frac{\sin\xi_0\sin^2\varphi}{\sin\xi_0+\cos^2\varphi},\quad k^2 = \frac{1-\sin\xi_0}{1+\sin\xi_0},\quad a^2 = \frac{1}{1-\sin\xi_0}$$

ohne Mühe auf die Legendre'sche Normalform bringen. Wir erhalten

$$45a)\ U = \frac{4r_0 \sin\xi_0}{\sqrt{1+\sin\xi_0}} \int_0^{\frac{\pi}{2}} \frac{d\varphi}{(1-a^2k^2\sin^2\varphi)\sqrt{1-k^2\sin^2\varphi}} = \frac{4r_0(1-a^2k^2)}{ak} \Pi\left(\frac{\pi}{2}, k, a\right).$$

Wir bemerken, daß nach einer Formel von Jacobi[1]) jedes vollständige elliptische Integral dritter Art auf unvollständige Integrale erster und zweiter Gattung zurückgeführt werden kann; im vorliegenden Falle hat α, der Winkel des Parameters, der Gleichung $\sin\alpha = a$ entsprechend einen komplexen Wert. Um die Formel zu prüfen, setzen wir $\xi_0 = 0$; dann ist $U = r_0\pi$ die doppelte Länge des Quadranten ZX_1. Ist $\xi_0 = \frac{1}{2}\pi$, so ist der sphärische Kegelschnitt ein größter Kugelkreis, mithin $U = 2r_0\pi$. Daher gilt die Formel

$$45b)\quad \int_0^{\frac{\pi}{2}} \sqrt{\frac{1+\sin\eta}{\sin\eta}}\, d\eta = \pi,$$

deren Richtigkeit auch durch direkte Auswertung des Integrals erkannt werden kann.

Der Flächeninhalt F desselben Kegelschnitts ergiebt sich aus der Formel

$$46)\quad F = 2\frac{r_0^2}{4} \int_0^{2\xi_0} \int_0^{2\pi} \frac{\sin\xi + \sin\eta}{\sqrt{\sin\xi \sin\eta}}\, d\xi\, d\eta$$

$$= r_0^2 \int_0^{2\xi_0} \sqrt{\sin\xi}\, d\xi \int_0^{\frac{\pi}{2}} \frac{d\eta}{\sqrt{\sin\eta}} + r_0^2 \int_0^{2\xi_0} \frac{d\xi}{\sqrt{\sin\xi}} \int_0^{\frac{\pi}{2}} \sqrt{\sin\eta}\, d\eta.$$

Führen wir die einzelnen Integrale, welche als die einfachsten elliptischen Integrale bezeichnet werden müssen und die z. B. auch bei der Berechnung von Lemniskatenbogen vorkommen, durch die Substitutionen

$$\sin\xi = \cos^2\varphi \text{ und } \sin\eta = \cos^2\psi,\quad \varphi_0 = \operatorname{arc}\cos\sqrt{\sin\xi_0},$$

auf die Normalform zurück, so erhalten wir mit Anwendung des durch die Gleichung

$$2F\left(\frac{\pi}{2}\right)E\left(\frac{\pi}{2}\right) - F\left(\frac{\pi}{2}\right)F\left(\frac{\pi}{2}\right) = \frac{1}{2}\pi$$

ausgedrückten Satzes von Legendre schließlich das Resultat

$$46a)\quad F = 2r_0^2\pi - 4r_0^2\left[F(\varphi_0)E\left(\frac{\pi}{2}\right) + F\left(\frac{\pi}{2}\right)E(\varphi_0) - F(\varphi_0)F\left(\frac{\pi}{2}\right)\right].$$

Dabei ist zu bemerken, daß das Quadrat des Moduls für sämtliche elliptischen Integrale gleich $\frac{1}{2}$ ist. Da $2r_0^2\pi$ die Oberfläche der Halbkugel ist, so stellt der Subtrahendus in 46a) den Inhalt der zonenförmigen Restfläche vor, welche man durch Ausschneiden des Kegelschnitts aus der Halbkugel erhält. Daher gelten die merkwürdigen Integralformeln

$$46b)\quad \int_0^{\frac{\pi}{2}} \int_0^{\frac{\pi}{2}} \frac{\sin\xi + \sin\eta}{\sqrt{\sin\xi \sin\eta}}\, d\xi\, d\eta = 2\pi,$$

[1]) C. G. J. Jacobi, Fundamenta nova theoriae functionum ellipticarum. Regiom. 1829. S. 139.

$$46c)\quad \int_{\xi_0}^{\frac{\pi}{2}}\int_0^{\frac{\pi}{2}} \frac{\sin\xi + \sin\eta}{\sqrt{\sin\xi\,\sin\eta}}\,d\xi\,d\eta = 4\left[F(\varphi_0)E\left(\frac{\pi}{2}\right) + F\left(\frac{\pi}{2}\right)E(\varphi_0) - F(\varphi_0)F\left(\frac{\pi}{2}\right)\right].$$

Von Interesse dürfte auch folgende Bemerkung sein. Da die Summe des Flächeninhaltes einer sphärischen geschlossenen Kurve und des Umfanges ihrer Polarkurve gleich 2π ist, so läßt sich das Doppelintegral für F in Gleichung 46), falls $r_0 = 1$ gesetzt wird, auf ein einfaches Integral zurückführen. — Übrigens werden die Formeln 46b) und 46c) auch erhalten, wenn man nach 44c) den Inhalt der Kugel und ihrer durch die Kegelmäntel gebildeten Teile berechnet.

Die Transformation des Ausdrucks Δu liefert die Differentialgleichung

$$47)\ \frac{r^2}{4}(\sin\xi + \sin\eta)\,\Delta u = \frac{1}{4}(\sin\xi + \sin\eta)\frac{\delta}{\delta r}\left(r^2\frac{\delta u}{\delta r}\right) + \sqrt{\sin\xi}\,\frac{\delta}{\delta\xi}\left(\sqrt{\sin\xi}\,\frac{\delta u}{\delta\xi}\right) + \sqrt{\sin\eta}\,\frac{\delta}{\delta\eta}\left(\sqrt{\sin\eta}\,\frac{\delta u}{\delta\eta}\right)$$

oder, wofern gesetzt wird

$$\sin\xi = \cos^2 am\left(x, \frac{1}{\sqrt{2}}\right) = cn^2 x, \quad \sin\eta = \cos^2 am\left(y, \frac{1}{\sqrt{2}}\right) = cn^2 y,$$

$$47a)\quad \frac{r^2}{2}(cn^2 x + cn^2 y)\,\Delta u = \frac{1}{2}(cn^2 x + cn^2 y)\frac{\delta}{\delta r}\left(r^2\frac{\delta u}{\delta r}\right) + \frac{\delta^2 u}{\delta x^2} + \frac{\delta^2 u}{\delta y^2}.$$

Hieraus ist zu erkennen, daß für die Kugel und die beiden Kegel zweiter Ordnung sowohl die Potentialaufgabe als auch die anderen Aufgaben, in denen Δu nicht null ist, nach der Methode der Trennung der Variabeln behandelt werden können. Die Funktionen von x und y bez. ξ und η, auf welche die Lösung führt, sind offenbar specielle Lamé'sche Funktionen.

Die inversen Flächenscharen der in diesem Abschnitt besprochenen drei orthogonalen Flächensysteme sind mit diesen selbst identisch, so lange der gemeinsame Scheitel der Kegel d. h. der Mittelpunkt der koncentrischen Kugeln als Inversionscentrum gewählt wird. Dieser Fall bietet also nichts Neues. Dagegen zeigen die Flächen, welche bei der Abbildung von einem Punkte der Kegelachse oder einer Fokallinie aus auftreten, bemerkenswerte Eigenschaften; indessen können wir hier nicht näher auf sie eingehen.

§ 16.

Das elliptische und das hyperbolische Paraboloid.

Wir wenden uns zuletzt zu den allgemeinen parabolischen Koordinaten des Raumes. Während bei den centrischen Flächen zweiten Grades die Lage eines Raumpunktes durch den Schnitt eines dreiachsigen Ellipsoids, eines Hyperboloids mit einem Fache und eines solchen mit zwei Fächern bestimmt wird, handelt es sich hier um die allgemeinsten Flächen zweiten Grades ohne Mittelpunkt, welche orthogonal und konfokal sind. Die Flächen dieser Art sind das elliptische Paraboloid und das hyperbolische Paraboloid. Es zeigt sich, daß ein Punkt des Raumes sich als Schnittpunkt zweier elliptischen Paraboloide mit entgegengesetzt liegenden Scheiteln und eines hyperbolischen Paraboloids der Lage nach bestimmen läßt. — Die in der Einleitung aufgeführten Arbeiten der Herren Böklen, Casparу und Danitsch sind auf die Entwickelungen dieses Abschnitts ohne Einfluß gewesen; soweit es dem Verfasser bekannt, ist die hier gegebene Form der parabolischen Koordinaten von anderer Seite noch nicht aufgestellt worden.

Die Gleichungen der konfokalen und orthogonalen Paraboloide, welche sich ohne Schwierigkeit aus den bekannten Gleichungen der konfokalen centrischen Flächen zweiter Ordnung durch den mehrfach erwähnten Grenzübergang ableiten lassen, sind

$$\frac{y^2}{\xi^2}+\frac{z^2}{\xi^2+a^2}=\frac{-4cx+4\xi^2}{c^2},$$

48)
$$\frac{y^2}{\eta^2}+\frac{z^2}{\eta^2-a^2}=\frac{4cx+4\eta^2}{c^2},$$

$$\frac{y^2}{\zeta^2}-\frac{z^2}{a^2-\zeta^2}=\frac{4cx+4\zeta^2}{c^2}.$$

ξ, η, ζ sind die Parameter der drei Flächen, c die frühere, a eine neue willkürliche Konstante. Die erste Gleichung stellt für konstante Werte von ξ eine Schar von elliptischen Paraboloiden vor, wenn vorausgesetzt wird, daß ξ^2 nicht kleiner als 0 ist. Die Scheitel dieser Flächen liegen sämtlich auf der positiven x Achse (Fig. 14a) und im Abstande $\xi^2 : c$ vom Nullpunkte des Koordinatensystems x, y, z Auch die zweite Gleichung repräsentiert, so lange $\eta^2 \geqq a^2$, für gegebene Werte von η eine Schar von elliptischen Paraboloiden, deren Scheitel jedoch auf der negativen x-Achse im Abstande $\eta^2 : c$ vom Koordinatenanfang gelegen sind. Die dritte Gleichung endlich giebt bei konstantem ζ, falls $0 \leqq \zeta^2 \leqq a^2$ gedacht wird, ein System von hyperbolischen Paraboloiden (Fig. 14b), welche von der negativen x-Achse in einem Punkte, der vom Nullpunkte die Entfernung $\zeta^2 : c$ hat, durchsetzt werden.

Man stellt sich leicht die verschiedenen Formen vor, welche die drei Arten der Flächen der Reihe nach annehmen. Für einen unendlich großen Parameter ξ^2 liegt der Scheitel des elliptischen Paraboloids auf der positiven x Achse in unendlicher Ferne; auch die auf der y-Achse und z-Achse sowohl in positiver als negativer Richtung abgeschnittenen Strecken sind unendlich groß, so daß die gesamte Fläche im Unendlichen verläuft. Nimmt nun der Wert von ξ^2 ab, so nähert sich der Scheitel auf der positiven Hälfte der x Achse dem Koordinatenanfang, wir erhalten die gewöhnliche Form des elliptischen Paraboloids, das sich immer mehr gegen die xz-Ebene abflacht, bis es schließlich für $\xi^2 = 0$, also den kleinsten Wert, den ξ^2 annehmen kann, ganz und gar mit der xz-Ebene zusammenfällt, gleichwohl aber nicht alle Punkte dieser Ebene umfaßt, sondern nur diejenigen, welche innerhalb der durch die Gleichungen

48a)
$$y = 0, \quad z^2 = -\frac{4\,a^2.x}{c}$$

bezeichneten Parabel liegen. Diese Parabel, deren Scheitel der Koordinatenanfang ist, muß man sich also aus zwei auf einander liegenden Blättern bestehend denken. Der übrige d. h. außerhalb derselben Parabel liegende Teil der xz-Ebene, der ebenfalls als Doppelebene zu denken ist, stellt einen Grenzfall der hyperbolische Paraboloide, nämlich denjenigen vor, in welchem der Parameter $\zeta^2 = 0$ ist. Wächst der Wert von ζ^2, so treten die beiden Blätter auseinander und es entsteht die gewöhnliche Form der hyperbolischen Paraboloide, deren Scheitel- oder besser Sattelpunkt mit wachsendem ζ^2 sich auf der negativen x-Achse vom Koordinatenanfang immer weiter entfernt. Die volle Entfaltung zeigt die Fläche für $\zeta^2 = a^2 : 2$, in welchem Falle ihre Gleichung die einfache Gestalt

48b
$$y^2 - z^2 = 2\frac{a^2}{c}x + \left(\frac{a^2}{c}\right)^2$$

annimmt, aus der wir erkennen, daß die mit der yz-Ebene parallelen Schnitte der Fläche sämtlich gleichseitige Hyperbeln sind. Bei weiterer Vergrößerung von ζ^2 flacht sich die Fläche nach der positiven Seite der x-Achse hin immer mehr ab; hier nähern sich die Flächenteile immer mehr der xy-Ebene, welche sie schließlich, wenn der Parameter ζ^2 seinen größten Wert a^2 erhält, auch erreichen. Aber die Fläche umfaßt in diesem Falle nur diejenigen Punkte der aus zwei Blättern bestehenden xy-Ebene, welche außerhalb der Parabel

$$48c) \qquad z = 0\,, \quad y^2 = 4\frac{a^2}{c}x + 4\left(\frac{a^2}{c}\right)^2,$$

deren Scheitel S von O um $a^2 : c$ entfernt ist, gelegen sind. Alle übrigen, also innerhalb dieser Parabel liegenden Punkte der xy-Doppelebene bilden die Grenzfläche der dritten Schar von Paraboloiden, die wiederum elliptische sind und in eben diesem Grenzfalle den Parameter $\eta^2 = a^2$ besitzen. Mit zunehmendem η^2 hebt sich die Fläche, ein gewöhnliches elliptisches Paraboloid, immer mehr von der Fläche der Grenzparabel nach beiden Seiten hin ab, während ihr Scheitel auf der negativen x-Achse liegt und von S immer größere Entfernung erlangt Schließlich rückt der Scheitel auf dem bezeichneten Wege ins Unendliche. Dann sind auch die auf der y- und z-Achse sowohl in positiver als negativer Richtung abgeschnittenen Strecken unendlich groß geworden und die Fläche, deren Parameter $\eta^2 = \infty$ ist, verläuft nun vollständig in der Unendlichkeit.

Der Uebergang von den elliptischen Paraboloiden mit dem Parameter ξ zu den hyperbolischen Paraboloiden vollzieht sich also durch Vermittelung der Parabel 48a); der Uebergang von den hyperbolischen Paraboloiden zu den elliptischen Paraboloiden mit dem Parameter η wird durch Vermittelung der Parabel 48c) gewonnen. Diese beiden Grenzflächen, deren Größe und Lage das dreifache System von Flächen kennzeichnet, können zweckmäßig als Fokalparabeln bezeichnet werden. Der Brennpunkt der einen ist der Scheitel der andern; außerdem stehen die Punkte der Strecke OS mit den Brenn-, Mittel- und Scheitelpunkten nicht nur der Hauptschnitte, sondern auch der zu den Koordinatenebenen parallelen Schnitte im engsten Zusammenhange. Für einige Aufgaben empfiehlt es sich sogar, den Anfangspunkt der Koordinaten x, y, z nach der Mitte M von OS zu verlegen.

Da ζ^2 sich zwischen O und a^2 bewegt, so können wir

$$48d) \qquad \zeta = a\,.\cos\varphi$$

setzen; φ bedeutet dann die Hälfte des Winkels, den die Asymptotenebenen der hyperbolischen Paraboloide mit einander bilden. Somit erhalten wir durch Auflösung der Gleichungen 48) nach x, y, z

$$48e) \qquad \begin{aligned} x &= \frac{1}{c}\left(\xi^2 - \eta^2 + a^2 \sin^2\varphi\right), \\ y &= \frac{2}{c}\,\xi\,\eta\cos\varphi\,, \\ z &= \frac{2}{c}\sqrt{(\xi^2 + a^2)(\eta^2 - a^2)}\,.\sin\varphi. \end{aligned}$$

Diese Werte gehen, wie man bemerkt, für $a = 0$ in die früher bei dem Rotationsparaboloid erster Art zur Anwendung gekommenen über. Auch stellen die beiden ersten der Gleichungen 48) für $a = 0$ selbstverständlich die früher betrachteten Umdrehungsparaboloide vor, während die hyperbolischen Paraboloide der dritten Gleichung unter derselben Annahme in die Meridianebenen übergehen.

Nun können wir, ohne der Allgemeinheit zu schaden, die Werte der willkürlichen Konstanten a und c als gleich annehmen; ferner ist es oft zweckmäßig für die algebraischen Werte ξ und η transcendente Parameter einzuführen. Wir setzen

$$a = c, \quad \xi = c . \mathfrak{Sin}\, \vartheta, \quad \eta = c . \mathfrak{Cos}\, \omega, \quad \zeta = c . \cos\varphi.$$

Dadurch nehmen die Gleichungen der drei Flächenscharen die Form an

$$\text{49)} \quad \begin{aligned} \frac{y^2}{\mathfrak{Sin}^2 \vartheta} + \frac{z^2}{\mathfrak{Cos}^2 \vartheta} &= -4cx + 4c^2 \mathfrak{Sin}^2 \vartheta, \\ \frac{y^2}{\mathfrak{Cos}^2 \omega} + \frac{z^2}{\mathfrak{Sin}^2 \omega} &= 4cx + 4c^2 \mathfrak{Cos}^2 \omega, \\ \frac{y^2}{\cos^2 \varphi} - \frac{z^2}{\sin^2 \varphi} &= 4cx + 4c^2 \cos^2 \varphi, \end{aligned}$$

so daß wir erhalten

$$\text{49a)} \quad \begin{aligned} x &= c\,(\mathfrak{Cos}^2 \vartheta - \mathfrak{Cos}^2 \omega - \cos^2 \varphi), \\ y &= 2c\, \mathfrak{Sin}\, \vartheta\, \mathfrak{Cos}\, \omega \cos \varphi, \\ z &= 2c\, \mathfrak{Cos}\, \vartheta\, \mathfrak{Sin}\, \omega \sin \varphi. \end{aligned}$$

Hinsichtlich der Grenzen der Intervalle, in denen ξ, η, ζ bez. $\vartheta, \omega, \varphi$ sich bewegen, ist zu bemerken, daß es für positive y und z, es mag x positiv oder negativ sein, vollständig hinreicht, dieselben an die Bedingungen $0 \leqq \xi \leqq \infty$, $c \leqq \eta \leqq \infty$, $0 \leqq \zeta \leqq c$, d. h. $0 \leqq \vartheta \leqq \infty$, $0 \leqq \omega \leqq \infty$, $0 \leqq \varphi \leqq \frac{1}{2}\pi$ zu knüpfen. Für negative Werte von y und z thut man am besten anzunehmen, es sei überhaupt $0 \leqq \varphi \leqq 2\pi$, und die Vorzeichen von ζ und $\sqrt{c^2 - \zeta^2}$ den Gleichungen $\zeta = c \cos\varphi$ und $\sqrt{c^2 - \zeta^2} = c \sin\varphi$ entsprechend zu bestimmen. Alle übrigen Quadratwurzeln können stets mit positivem Vorzeichen genommen werden; negative Werte von ξ sind entbehrlich, negative Werte von η auszuschließen.

Für das Quadrat der Entfernung eines Punktes P mit den Koordinaten $\vartheta, \omega, \varphi$ vom Koordinatenanfang erhalten wir

$$\text{50)} \quad r^2 = x^2 + y^2 + z^2 = c^2 \left\{ \mathfrak{Sin}^2 \omega + (\mathfrak{Cos}\,\vartheta + \sin\varphi)^2 \right\} \left\{ \mathfrak{Sin}^2 \omega + (\mathfrak{Cos}\,\vartheta - \sin\varphi)^2 \right\},$$

während der Ausdruck für den Abstand zweier beliebigen Punkte keine besonderen Vereinfachungen zu bieten scheint.

Bilden wir aus 49a) die Differentialquotienten von x, y, z nach $\vartheta, \omega, \varphi$, so läßt sich zunächst ohne Mühe zeigen, daß die drei Flächenscharen sich in der That unter rechten Winkeln schneiden. Für die Wegelemente in den drei Flächen ergiebt sich

$$\text{51)} \quad \begin{aligned} dw_\vartheta &= 2c \sqrt{(\mathfrak{Sin}^2 \vartheta + \mathfrak{Cos}^2 \omega)(\mathfrak{Sin}^2 \vartheta + \cos^2 \varphi)}\, d\vartheta, \\ dw_\omega &= 2c \sqrt{(\mathfrak{Sin}^2 \vartheta + \mathfrak{Cos}^2 \omega)(\mathfrak{Sin}^2 \omega + \sin^2 \varphi)}\, d\omega, \\ dw_\varphi &= 2c \sqrt{(\mathfrak{Sin}^2 \vartheta + \cos^2 \varphi)(\mathfrak{Sin}^2 \omega + \sin^2 \varphi)}\, d\varphi, \end{aligned}$$

und folglich ist das Quadrat des Linienelements

$$\text{51a)} \quad \begin{aligned} dw^2 = 4c^2 \{ & (\mathfrak{Sin}^2 \vartheta + \mathfrak{Cos}^2 \omega)(\mathfrak{Sin}^2 \vartheta + \cos^2 \varphi)\, d\vartheta^2 + (\mathfrak{Sin}^2 \vartheta + \mathfrak{Cos}^2 \omega)(\mathfrak{Sin}^2 \omega + \sin^2 \varphi)\, d\omega^2 \\ & + (\mathfrak{Sin}^2 \vartheta + \cos^2 \varphi)(\mathfrak{Sin}^2 \omega + \sin^2 \varphi)\, d\varphi^2 \}. \end{aligned}$$

Weiter sind die drei Flächenlemente

51b) $df_\vartheta = 4c^2(\mathrm{Sin}^2\omega + \sin^2\varphi)\sqrt{(\mathrm{Sin}^2\vartheta + \mathrm{Cof}^2\omega)(\mathrm{Sin}^2\vartheta + \cos^2\varphi)}\, d\omega d\varphi,$

$df_\omega = 4c^2(\mathrm{Sin}^2\vartheta + \cos^2\varphi)\sqrt{(\mathrm{Sin}^2\vartheta + \mathrm{Cof}^2\omega)(\mathrm{Sin}^2\omega + \sin^2\varphi)}\, d\vartheta d\varphi,$

$df_\varphi = 4c^2(\mathrm{Sin}^2\vartheta + \mathrm{Cof}^2\omega)\sqrt{(\mathrm{Sin}^2\vartheta + \cos^2\varphi)(\mathrm{Sin}^2\omega + \sin^2\varphi)}\, d\vartheta d\omega,$

und endlich das Raumelement

51c) $dv = 8c^3(\mathrm{Sin}^2\vartheta + \mathrm{Cof}^2\omega)(\mathrm{Sin}^2\vartheta + \cos^2\varphi)(\mathrm{Sin}^2\omega + \sin^2\varphi)\, d\vartheta d\omega d\varphi.$

Der Differentialausdruck Δu nimmt durch Einführung der allgemeinen parabolischen Koordinaten ϑ, ω, φ folgende Form an:

52) $4c^2(\mathrm{Sin}^2\vartheta + \mathrm{Cof}^2\omega)(\mathrm{Sin}^2\vartheta + \cos^2\varphi)(\mathrm{Sin}^2\omega + \sin^2\varphi)\,\Delta u$

$$= (\mathrm{Sin}^2\omega + \sin^2\varphi)\frac{\partial^2 u}{\partial\vartheta^2} + (\mathrm{Sin}^2\vartheta + \cos^2\varphi)\frac{\partial^2 u}{\partial\omega^2} + (\mathrm{Sin}^2\vartheta + \mathrm{Cof}^2\omega)\frac{\partial^2 u}{\partial\varphi^2}.$$

Diese Differentialgleichung läßt eine Trennung der Variabeln in überraschender Einfachheit zu. Ist zunächst $\Delta u = 0$ und setzt man $u = \Theta . \Omega . \Phi$, wo Θ nur ϑ, Ω nur ω, Φ nur φ enthält, so ergiebt sich

52a) $(\mathrm{Sin}^2\omega + \sin^2\varphi)\frac{1}{\Theta}\frac{\partial^2\Theta}{\partial\vartheta^2} + (\mathrm{Sin}^2\vartheta + \cos^2\varphi)\frac{1}{\Omega}\frac{\partial^2\Omega}{\partial\omega^2} + (\mathrm{Sin}^2\vartheta + \mathrm{Cof}^2\omega)\frac{1}{\Phi}\frac{\partial^2\Phi}{\partial\varphi^2} = 0.$

Vergleicht man diese Gleichung mit der für beliebige Werte der Konstanten g und h identischen Gleichung

$$(\mathrm{Sin}^2\omega + \sin^2\varphi)(h\,\mathrm{Sin}^2\vartheta + g) + (\mathrm{Sin}^2\vartheta + \cos^2\varphi)(-h\,\mathrm{Cof}^2\omega + g) + (\mathrm{Sin}^2\vartheta + \mathrm{Cof}^2\omega)(h\cos^2\varphi - g) = 0,$$

so erkennt man, daß 52a) durch die Annahme

52b)
$$\frac{\partial^2\Theta}{\partial\vartheta^2} = (h\,\mathrm{Sin}^2\vartheta + g)\,\Theta,$$
$$\frac{\partial^2\Omega}{\partial\omega^2} = (-h\,\mathrm{Cof}^2\omega + g)\,\Omega,$$
$$\frac{\partial^2\Phi}{\partial\varphi^2} = (h\cos^2\varphi - g)\,\Phi$$

befriedigt wird. Die Lösung der Potentialaufgabe über das elliptische und hyperbolische Paraboloid erfordert demnach nur eine und dieselbe Funktion, nämlich die Funktion des elliptischen Cylinders.

Ist aber nicht $\Delta u = 0$, sondern u eine Funktion der Zeit t, so kann man $u = T . u_1$ setzen, wo T nur t, u_1 aber kein t enthält. Eine entsprechende Betrachtung der Gleichung, welcher u_1 zu genügen hat, zeigt dann, daß, falls $u_1 = \Theta_1 . \Omega_1 . \Phi_1$ gesetzt wird, die Gleichungen

53b)
$$\frac{\partial^2\Theta_1}{\partial\vartheta^2} = (-k\,\mathrm{Sin}^4\vartheta + h\,\mathrm{Sin}^2\vartheta + g)\,\Theta_1,$$
$$\frac{\partial^2\Omega_1}{\partial\omega^2} = (-k\,\mathrm{Cof}^4\omega - h\,\mathrm{Cof}^2\omega + g)\,\Omega_1,$$
$$\frac{\partial^2\Phi_1}{\partial\varphi^2} = (k\cos^4\varphi + h\cos^2\varphi - g)\,\Phi_1$$

erfüllt werden müssen, in denen k eine Konstante bedeutet. Wir bemerken, daß auch die allgemeineren Aufgaben zur Lösung nur e i n e Funktion erfordern, welche als Erweiterung der Funktion des elliptischen Cylinders zu bezeichnen ist. Diese Funktion ist wohl überhaupt noch nicht untersucht worden.

Zur Inversion der drei Flächenscharen vom Koordinatenanfang aus haben wir zu setzen

$$x_1 = \frac{\varkappa^2}{c} \frac{\operatorname{Cof}^2 \vartheta_1 - \operatorname{Cof}^2 \omega_1 - \cos^2 \varphi_1}{N_1},$$

54)
$$y_1 = \frac{\varkappa^2}{c} \frac{2 \operatorname{Sin} \vartheta_1 \operatorname{Cof} \omega_1 \cos \varphi_1}{N_1},$$

$$z_1 = \frac{\varkappa^2}{c} \frac{2 \operatorname{Cof} \vartheta_1 \operatorname{Sin} \omega_1 \sin \varphi_1}{N_1},$$

$$N_1 = \left\{ \operatorname{Sin}^2 \omega_1 + (\operatorname{Cof} \vartheta_1 + \sin \varphi_1)^2 \right\} \left\{ \operatorname{Sin}^2 \omega_1 + (\operatorname{Cof} \vartheta_1 - \sin \varphi_1)^2 \right\}.$$

Daraus ergeben sich die Gleichungen der inversen Flächensysteme

$$\left(x_1^2 + y_1^2 + z_1^2 - \frac{\varkappa^2}{2c \operatorname{Sin}^2 \vartheta_1} x_1\right)^2 = \left(\frac{\varkappa^2}{2c \operatorname{Sin} \vartheta_1}\right)^2 \left(\frac{x_1^2 + y_1^2}{\operatorname{Sin}^2 \vartheta_1} + \frac{z_1^2}{\operatorname{Cof}^2 \vartheta_1}\right),$$

54a)
$$\left(x_1^2 + y_1^2 + z_1^2 + \frac{\varkappa^2}{2c \operatorname{Cof}^2 \omega_1} x_1\right)^2 = \left(\frac{\varkappa^2}{2c \operatorname{Cof} \omega_1}\right)^2 \left(\frac{x_1^2 + y_1^2}{\operatorname{Cof}^2 \omega_1} + \frac{z_1^2}{\operatorname{Sin}^2 \omega_1}\right),$$

$$\left(x_1^2 + y_1^2 + z_1^2 + \frac{\varkappa^2}{2c \cos^2 \varphi_1} x_1\right)^2 = \left(\frac{\varkappa^2}{2c \cos \varphi_1}\right)^2 \left(\frac{x_1^2 + y_1^2}{\cos^2 \varphi_1} - \frac{z_1^2}{\sin^2 \varphi_1}\right).$$

Über die gestaltlichen Verhältnisse dieser Flächen wird man sich leicht Aufklärung verschaffen, indem man deren Hauptschnitte sowie die Parallelschnitte zu den Koordinatenebenen aufsucht oder den Parametern ϑ_1, ω_1, φ_1, deren Grenzen übrigens dieselben bleiben wie früher, besondere Werte beilegt. Hervorheben wollen wir nur, daß die Flächen bis auf einen einzigen Fall den Vorzug haben, allseitig geschlossen zu sein, daß die in der $x_1 y_1$-Ebene liegenden Hauptschnitte sämtlich Kardioiden sind, und endlich, daß an Stelle der Fokalparabeln der Paraboloide als Grenzflächen eine in der $x_1 y_1$-Ebene liegende Kardioide und eine in der $x_1 z_1$-Ebene liegende Cissoide getreten sind.

Es bedarf schließlich kaum der Erwähnung, daß die drei Flächenscharen orthogonal sind und die sie betreffende Potentialaufgabe mit Hülfe eines Produkts von drei Funktionen des elliptischen Cylinders mit verschiedenen Argumenten gelöst wird.

Auch wenn M, der Mittelpunkt der Fokalachse, als Inversionscentrum gewählt wird, liefert die Abbildung Flächensysteme mit bemerkenswerten Eigenschaften. Indessen muß die weitere Behandlung beider Flächengebilde einer späteren Gelegenheit vorbehalten bleiben.

Dr. Baer.